LaPuta

Ángel Ferrer S.

MORLIS ©
BOOKS

MORLIS
BOOKS

LaPuta

Edición: Morlis Books™
Diseño de Portada: Carlos Alberto Rodriguez Gomez | Barker & Jules Books™
Diseño de Interiores: Juan José Hernández Lázaro | Barker & Jules Books™

Primera edición —2020
© 2020, Ángel Ferrer S.

I.S.B.N. | 978-1-64789-114-5
I.S.B.N. ePub | 978-1-64789-115-2

No. de Registro de Autor | 03-2020-021811020800-01

BARKER & JULES, LLC
2248 Meridian Boulevard, Ste H, Minden, NV 89423
barkerandjules.com

ÍNDICE

AGRADECIMIENTOS

A mi gran maestro y padre terrenal, Kuime Ferrer ahora viviendo en la luz, fue quien me incitaba a continuar, aun cuando yo ya había caído, me enseñó a transmitir con amor lo que he visto y vivido en mi tiempo en la tierra. A mi madre Yolanda que hace pan de la nada, porque siempre cree en mí, Mamá, te amo, y que decir de mis hijos que jamás critican lo que pienso y hago, Alain, Brian y Michelle, a los tres, los amo, muchas gracias.

A mis hermanos Alejandro, Roxana, Ingrid y William por aplaudir sin ver, por creer, tal vez…, solo porque sí. Esto no sería nada sin mi nieta Regina que, al nacer, me hizo darme cuenta de lo necesario que era que esto salga a la luz cuanto antes. A mis sobrinos, Angelica, Gabriela, Jonathan, Max y Maiah por su gran cariño y la gran colaboración de mi cuñada Gizeth Sigala Apodaca.

A mi tía Rina Ferrer porque su palabra para mí siempre empieza con un SI, gracias, y que decir de mi tía Celia Ferrer que ha sido mi gran espectadora, siempre contemplando con atención y amor, Gracias.

Thania Alicia Rivera Domínguez, una redactora joven y audaz, fue increíble tu esfuerzo, muchas gracias. A Rosa

Imelda Pérez que, con tu mente abierta, siempre lees cada párrafo de lo que escribo sin chistar, y cada error lo compones con una sonrisa, gracias. A Araceli Hidalgo Santin, y tu Hija Araceli Vázquez Hidalgo, que pudieron ver lo que yo ya no podía ver, son grandiosas, hicieron que esto fuera maravilloso, muchas gracias. Claudia González Tello no olvido tus consejos y apoyo, y a Efraín Lagunes Hernández por que tu fuiste la varita mágica en este Proyecto.

Gracias a todos

Prólogo.

En este libro encontrarás tantas situaciones que has oído o te han pasado con un patán, Si…, un patán en todas sus presentaciones, y estoy seguro de que, a tus amigas, o a ti misma, les recordarán las situaciones como las que viven Liz o Consuelo y les vendrá como anillo al dedo.

Pero si tu pareja se parece a Arturo, hoy mismo sabrás que hacer para que nunca más jueguen contra tu integridad con palabras y juicios.

Al Principio te darás cuenta la forma en que los Patanes maquiavelan todo lo que te dirán o harán; inclusive, tendrán un club para retroalimentarse y darse técnicas adecuadas físicas y psicológicas para dominar a las mujeres, ¡Y SI!, no te asustes si tu marido o novio pertenece a este afamado club, o peor aún, que tu Papá o tu propio hermano sean miembros honorables.

Pero Dios es justo y un patán no podrá hacer esto para siempre, y ahí es donde empieza lo interesante de tu libro.

Verás conforme avanzas en esta historia, que muchas situaciones las has vivido pero no sabias cómo responder, cómo actuar, o cómo resolverlo. Sin embargo, dos increíbles mujeres y un valiente patán te darán la solución a eso que siempre te has cuestionado como, ¿Por qué no se casa conmigo?, ¿Porque me trata tan mal cuando yo lo trato bien?, ¿Porque en lugar de dar, me quita?, ¿Porque si cree que soy PUTA, no se va? Y un sin número de preguntas que siempre pasaron por tu mente.

Sera obvio hacerte responsable de algunas de estas situaciones que están pasando en tu vida, pero te diremos que hicieron nuestras protagonistas para que esto se resolviera favorablemente, así que no te quitaré más tu tiempo, es hora de descubrirlo por ti misma.

Te bendigo con el alma.
Angel Ferrer
angelferrerconsultorespiritual@gmail.com

LaPuta
UN DÍA EN EL CLUB

Es mi jueves, y mi club me espera, no les puedo fallar, no importa lo que haya logrado o no el día de hoy, ni lo que esté pendiente, pero, no faltaré, este club es como un vicio y no puedo dejar de asistir, y si yo faltara, me sentiría que fallo a la promesa de mi grupo, "PATANES ANÓNIMOS" del cual porto orgulloso en mí, la credencial número 2.

En este club, la plática central es nuestro diario vivir con las mujeres, como dominarlas y es el tema principal de la reunión, pero para encajar en el club deberás de ser un buen patán.

Huele a cigarro y cerveza, que con este calor cae bastante bien a mi barriga abultada, tomo un respiro y saludo a todos con un grito, ¡hola familia!, y con voz solemne digo.

—¡Repitamos la promesa!, y todos contestan.

—¡El pie va arriba de la cabeza de ellas!

—¡Arturo! ¡hola!, ¡pensé que ya te regañaban!

—¡Jamás!, a veces le regalo sus 5 minutos de emoción para que se sienta bien, jajajaja, ¿y tú tormento Alejandro?

—Pues no sé cómo decirte esto y confío en tu discreción pero…, no sé si lo que hago está bien o no, a veces pienso que la traiciono y me hace sentir mal.

—Caray, por lo que veo, tenemos un traicionero en el club, y esa foto de ti con la chica de la marquesina se hará pública.

Déjenme explicar, al ser admitidos en el club de PATANES ANÓNIMOS, todos dejamos una prueba de nuestra estupidez como podría ser: una foto teniendo relaciones con una chica, un video o algo que no nos permita traicionar a esta secta tan fácilmente, aunque en los 17 años del club nadie lo ha intentado hacer, al contrario, muchos quieren entrar, pero no lo podrán lograr si no cumplen ciertos requisitos.

Pero los requisitos los repasaremos en otra ocasión porque hoy es el día en que yo repaso mis votos con una analogía que enriquezca al club.

Mmm, mmm, aclaro la garganta para que todos volteen a verme y me brinden su atención, tomo el micrófono, pero la algarabía es grande y si no guardan silencio, yo no podré decir mi línea, sin la debida atención.

MI EXPOSICIÓN

—Señores, bienvenidos a su club del cual yo soy cofundador llamado...,

—*(voz en coro)* ¡PATANES ANÓNIMOS!

—*Repiten al unísono con aplausos y levantando las copas o tarros de cerveza, todo pagado con las contribuciones de nuestros asociados.*

Es un placer para mi voltear a Dios y primero que nada rezar mis votos..., señor, gracias porque soy hombre y gracias por que tu hijo y tú también lo son, gracias porque me cuelgan testículos y no pechos, *nuevamente los alaridos no se hacen esperar, en estos momentos pienso que con esta popularidad podría ser hasta presidente de la nación, pero dejemos mis aspiraciones para otro momento y continúo con mis agradecimientos y proezas.*

He decidido dar un lugar especial a las mujeres en este club...

Cuando de momento se oye un bullicio, la gente me gritaba que si me había vuelto loco y no faltó quien me aventara un papel hecho bola en la cara.

—¡Esperen!, ¡Esperen!, ¡tengo mis razones!

Todos tomaron algo así como un respiro y el más viejo de nuestro grupo me invitó a aclarar este punto.

Señores, he decidido dar un lugar honorífico a las mujeres, ya que una plática con el exjefe de mi tía fue contundente para descubrir que son parte esencial en cuanto a la ayuda que ellas ejercen a nuestra empresa, a nuestro club y se los voy a demostrar.

Durante décadas se nos ha acusado de misóginos, inclusive hicieron una revolución femenina exigiendo igualdad entre hombres y mujeres, una idea que en verdad nos hacía temblar las piernas, sabiendo que según leyendas urbanas son mayoría, ya que el abuelo nos decía que eran siete mujeres por cada hombre, alguien gritó...

—¡Y donde están mis otras seis!, jajajaja.

— *Las risas no se hicieron esperar, yo levanté mi mano pidiendo mi tiempo de hablar y continúe con esta exposición.*

Señores, después de que ellas al final lograron este fin, dimos la oportunidad a regañadientes y en forma discreta les ofrecimos una porción; un puesto en la política, en la industria, en el comercio, inclusive, hasta las dejamos pilotear aviones de pruebas, (al final no perderíamos nada si el avión cayera, porque entonces nos quedarían todavía seis (jajajaja), ups perdón.

Nuestra guerra fue con paciencia e inteligencia, y las dejamos escalar para luego bajarlas del pedestal, y quiero decirles con orgullo que hemos logrado nuestro cometido a la perfección, también permitimos que algunas mujeres subieran todavía más alto; como actrices, empresarias o dándoles un alto rango en la alta política ,con lo cual, las usaríamos poniendo a estas exitosas mujeres como un mal ejemplo para nuestras mujeres, ya que alegamos que ellas escalaron, por ser liberales, malas mujeres, feas o mujeres irresponsables al dejar a sus hijos y a su marido por alcanzar sus metas banales.

Y nuestra segunda parte del plan se logró de manera exitosa cuando estas damas que subimos hasta la cima les vendimos la idea que las demás mujeres que estaban más abajo de ellas, querían arrebatarles su lugar el cual ellas ganaron con tanto esfuerzo, y lo demás es teoría, ¡sí!, porque ellas mismas se boicoteaban sobajando a los seres de su mismo género, no dejándoles subir, ni intentarlo y haciendo que solo confiaran en nosotros y se tomaran de nuestra mano ya que ellas en realidad no creerían que nosotros podríamos ser su competencia, y así se dedicaron a hacer compañeras frustradas al ser maltratadas por ellas mismas, en fin, mujeres misóginas en todos los sentidos, y en lo que se encontraban distraídas golpeando a mujeres que a su lado o abajo de ellas estaban, nosotros avanzábamos para el momento en que tomaríamos su lugar, y fue grandioso, porque ellas jamás mostraron compasión por otras chicas, y si lo mostraban…, sería por mujeres que en apariencia no querían su lugar, sino que les seguían su juego.

Las hicimos trabajar en ese puesto clave en el entendido que hasta ahí podrían llegar con un sueldo decoroso, pero no tan amplio como el que un hombre pueda tener, y llegaba el momento de jubilarlas o eliminarlas cuando ya no nos eran de utilidad, usando las artimañas más comunes que solo los PATANES ANÓNIMOS sabemos.

- Acoso.
- Descalificación.
- Cansancio.
- Jubilación anticipada.

¡Y adiós!, perfectas barredoras de mujeres sin que nosotros movamos un dedo o se nos considere misóginos, porque en realidad, ellas lo fueron, pero díganme compañeros…, ¿quién consideraría a una mujer misógina?, *todos gritaron…*

—¡Nadie!

—Por esa razón traje esta foto que honra a una mujer misógina, *levanté un cuadro el cual todos después de cuatro minutos de risas permitieron que yo colgara en la pared con grandes aplausos.*

Era la foto de mi tía, solo que le añadí bigotes, pero se veía bastante bien.

Mi tía (la de la foto), trabajó en el registro público de la propiedad y subió muchos escalafones sin darse cuenta que devengaba un sueldo 50% menor de lo que un hombre obtendría en determinado puesto, era grandiosa eliminando mujeres por cansancio, era increíblemente leal a los hombres, y más cuando alababan su excelente trabajo el cual sus compañeras seguramente le querían robar, y ella con su capacidad, hacía todo el trabajo que era de los hombres, pero que ella con sus esclavas haría el favor de hacerlo mejor que nosotros, mostrando que su género es más eficiente, mientras que ellos tomarían un merecido descanso en un bar con unas cervezas, pues ellos conscientes de su poca capacidad intelectual, daban el espacio adecuado a tan importante funcionaria.

Dejé el estrado con ovaciones por traer tan importante contribución al grupo. si supiera mi tía donde está su foto hoy me mataría, no sé si porque ventilé su verdad y la hice pública, o por ese bigote tipo Emiliano Zapata.

DE REGRESO A CASA

¡Ufff!, las 2 am y mañana tengo un día movido, me levanto para despedirme con un grito:

Señores..., ¡adiós!

Pero nadie me hace caso..., tal vez como yo jamás he tomado alcohol y los demás sí, ya a estas alturas de la noche, perdieron el interés en mí que soy un expositor prestigiado pero sobrio.

Paso por mis cosas a la entrada, tomo mis llaves del auto y camino al estacionamiento donde está mi bólido, pero veo una luz encendida adentro de mi auto, y yo dije, ¡Caray!, ¡dejé la luz de cortesía prendida!, ¡carajo!, no tendré batería y mi auto es automático, pero no, es mi celular con una llamada entrante de mi esposa sin contar las otras 48 anteriores.

¿Qué pasó?

—Arturo, pensé que te había pasado algo, ¿estás bien?

—¡Todos los malditos jueves es lo mismo!, tengo junta especial con el subprocurador, ¿y me sales con esto?, ¡desperdicias llamadas que yo pago por tus miedos!, en serio me tienes harto con tus estupideces.

—Amor antes amabas que te cuidara y me preocupara por ti, pero ahora eres diferente, dime la verdad, ¿andas con otra?

—¡No ando con otra!, más bien ando con la misma, y le colgué.

Me subo a mi auto y salgo del estacionamiento molesto, ¿en verdad que pensaba cuando me casé con esta vieja?, como si me mereciera, que tiene que no tenga la secretaria de mi amigo Alejandro, ella está mejor y ni panchos me hace, hacemos sexo como sea y sin opinar, solo le interesa que yo sea feliz, y Consuelo nada más piensa en como joder mi día.

PLATICA INCOMODA

Al llegar a la casa, ella esta con los ojos llorosos y me dice...

—Arturo, tenemos que hablar ahorita mismo.

—No me jodas el alma, revísame, ¿tengo lápiz labial? o ¿qué carajos tengo?

—Te pudiste haber bañado.

—¡Que no carajo! deja de joderme, ¿qué te falta?, ¿dinero? ¿casa? ¿camioneta? ¿qué?

—"Amor", ¡eso es lo que me falta!

—Todo esto que tenemos, es mejor que cuando empezamos, pero el amor se tiene que transformar, tuve que tener más amor a mi trabajo y a mi vida para lograr lo que tenemos, siempre estoy trabajando, ideando como darte de comer.

—Arturo, es momento que te lo diga....

—¿Qué?, ¿andas de PUTA?, ¡dímelo!

—¡No soy ninguna PUTA!, ¡soy tu esposa!, en dado caso..., ¡soy tu PUTA!

—*Y yo no pude con el coraje y le di un empujón que al hacerlo me sorprendí de mi fuerza descomunal, o ella de plano pesa muy poco.*

Se levantó llorando y se metió al baño a encerrarse, le dije.

Vas a despertar a los niños y te voy a joder de a deveras.

Y aquí pasa algo que no puedo entender, ¿por qué me dan ganas de acostarme con ella cuando nos enojamos?, pero está enojada, ¿qué carajos hago?, estoy a mil por hora, entonces me acerco a la puerta y le digo ya con una voz tierna.

Amor, preciosa, perdóname, ¿que no ves que me preocupo por ti?, ¿que todo lo hago para ti?, que te amo, pero que no soportaba ser pobre cuando éramos más jóvenes.

—¡Pero me amabas!

—Si mi amor y te amo también hoy, por favor sal, te amo bien, déjame demostrártelo.

—Arturo, ¡me lastimaste el pecho!

—Amor mío, sal y déjame ver que estés bien chiquita, por los niños sal.

Salió y la abracé con ternura, si supiera la risa macabra que tenía, pero que bueno que no tiene ojos en la espalda, la abracé.

Déjame ver amor.

—¡Mira el moretón que me hiciste!

—Déjame sobarte, *y al tocar sus senos me gritó.*

—¡Te pasas!, ¡Arturo me duele de verdad!

—Amor te estoy curando, ¿no habías oído del poder mágico de los besos?

Qué bueno que cedió a eso, porque ni yo me lo creería, y la verdad estaba tan caliente que me asustaba que en esta no cayera, pero el artículo 73 de PATANES ANÓNIMOS reza, "tierno, muy tierno, y la acción viene por consecuencia"

No le duré ni 5 minutos y vi su cara de frustración, pero yo ya estaba muy complacido, así que la volteé y la abracé.

Amor, eres tan bella que mi cuerpo no puede resistir mucho a tal lindura y suavidad.

Noté que se sonrió y se durmió, obvio ese argumento lo aprendí en ¡PATANES ANÓNIMOS!, dormiré rezando, gracias señor, por hacerme hombre.

AL DÍA SIGUIENTE

Mmm, me faltó dormir y la alarma atormentándome con su tut tut tut, y Consuelo con un maldito ruidero en la cocina, no podre dormir mis religiosos 5 minutos extras con este ruido.

—¡Carajo!, *(con un grito)* ¡¿en verdad se necesita tanto ruido?!

—Amor, hago el lunch de los niños, me visto para llevarlos a la escuela y ya está listo el desayuno que tanto te gusta, chilaquiles con tu costilla a un lado, ándale dame un beso y tranquilízate, mira, ya nos vamos, desayuna tranquilo y toma una deliciosa ducha porque ya te deje el baño caliente y tu ropa esta lista en la cama de mi lado, así tu vida será más fácil, me voy pero te dejo encendido el noticiero.

—Está bien, pero todo lo que me dices que haces, no se compara con la friega que me llevo para que todo esto suceda, así que no me lo digas como reproche.

Ella contesta con una lágrima en los ojos.

—No te lo dije así amor, solo quería agradarte.

—¡Pues a eso me sonó!, para la otra omite todo tu sermón si no quieres un enfrentamiento.

Se da la vuelta y se va, y…, no lo había notado, pero que buenas nalgas se le han puesto a Consuelo, ¿no andará de PUTA?, ¡hey!, ¿que me pasa?, un patán no se preocupa por esas cosas y menos las reclama o perdería el poder sobre ella, así que me desayunaré tranquilamente.

LA AMANTE

—*Rumbo al trabajo entra la llamada de mi chica favorita, la secretaria de Alejandro, mi dulce Nancy.*

¡Hola mi amor!, ¿cómo estás?

—Hola Arturo, que hermoso es oír tu voz.

—Mi amor, sería más hermoso levantarme y despertar contigo, ayudarte a hacer el desayuno, llevar a los niños y de ahí irme a trabajar, pero en mi casa eso jamás sucederá.

—¿Por qué amor?, ¿otra vez discutiste?, ¿qué le pasa a esa PUTA?

—Me queda claro que eres adivina o algo así, por ejemplo, hoy me metí a bañar y no fue capaz de prender el baño, ¡me congelé!

—Amor, quedamos que te cuidarías porque la vez pasada ya viste que resfriado te propinó cuando te hizo lo mismo.

—Efectivamente, pero me ganó mi coraje y por si fuera poco, ni un pan me ofreció, le terminé yo de hacer el desayuno a mis hijos y los llevé a la escuela, por eso voy retrasado.

—Mi amor por eso te amo, eres un hombre dulce y responsable, te amo, pero te compensare con un rico masajito en la tarde, espero que tengas una buena excusa para salir temprano de tu despacho, ¡no quiero cambios por favor!

—Mi amor, en estos 3 años, nada ha cambiado y nada cambiará, el amor debe de crecer y transformarse para bien amor mío, y obvio tengo ya mi plan, paso por ti a las 6:00 p.m. donde siempre.

—Claro mi amor, pero te advierto que quiero platicar seriamente contigo acerca de tu divorcio, mira mi amor, no te presiono, solo quiero rescatarte de esa PUTA.

—Si mi amor, así será, te amo y te lo repetiré miles de veces, por cierto, quiero decirte algo que pasó también pero sé que te enojará, espero decírtelo en la tarde noche.

—Te pegó de nuevo ¿verdad Arturo?

—Amor, tranquila, te lo diré más tarde.

—Amor no puedo creer que te dejes pegar.

—¡Amor te cuelgo!, un policía de tránsito me está deteniendo por hablar por teléfono, te dejo, bye, bye.

Caray, se pone intensa, pero es una mujer que vale mucho más que mi vieja. Nancy es compresiva y valora el hombre que soy.

PUPILO ME HACE UNA LLAMADA

—Arturo, ¿cómo estás?

—Alejandro, que gusto, y ¡que borrachera te pusiste ayer por Dios!, ¡no sabías ni cómo te llamabas!

—Jajajaja, Ay Arturo, no sabes que desmadre al llegar a mi casa, hasta golpes hubo, pero te platicaré eso después.

—Pues en mi casa igual, pero ya sabes que mi grado en PATANES ANÓNIMOS hace que mi agilidad mental después de una golpiza educadora que le "tuve que dar", me haga hasta tener relaciones de una hora que a cualquier mujer le hace olvidar hasta el más mínimo detalle del problema que se encuentre presente.

—Jajajaja, oye sí que eres genial, me urge que las sesiones sean más seguidas, así podría aprender mejores técnicas, pero Arturo, te hablo por lo siguiente, mi secretaria cada vez se pone más buena y me queda claro que solo tú eres el ganador, pero esa Nancy esta increíble, ¿cómo haces para que ya tenga contigo tanto tiempo?

—Alejandro, es tan sencillo como complicado, mira; es una chica hermosa, inteligente pues se recibió de administradora de empresas, yo creo que iba por buen camino y su habilidad en el sexo es única, así que dije, ¿cómo quedarme con ella como mi PUTA?, y pensé, bueno..., primero tengo que demostrarle lo sola que está en esta vida.

—¿Cómo funciona eso?

—Pues, empecé dándole argumentos patentados en PATANES ANÓNIMOS como por ejemplo, mi amor, ¿llegaste con bien?, me preocupa por qué vas sola, avísame cuando llegues, me es importante que llegues con bien, y ella me decía, (tú también avísame), pero yo le respondía, mi amor, soy hombre, tú por tan descomunal belleza corres peligro, por eso no te preocupes por mí, preocúpate por ti, si algo te pasa sabes que saldría de inmediato a buscarte.

—¿Y qué diablos ganas con eso?

—Hermano, que poco sabes de la vida y las mujeres; la mujer se siente protegida por ti, inclusive piensa que, si no oye tus consejos, será violada en cualquier momento, al final rompes su seguridad y solo alguien como tú, la podrá proteger.

—Wow, ¡eso es increíble!, no había pasado por mi mente.

—Lo sé, solo hombres experimentados como yo ¡sabemos que funciona!

—¿Y después?

—Le muestras la diferencia entre ella y tú, exagerando tu sueldo y habilidades, pero diciéndole que ella algún día será mejor que tú, inclusive dándole la oportunidad de enseñarle a lograrlo, y te vuelves su maestro, si te fijas bien, ella ya quedó abajo de ti, soportando tus juicios y comentarios que al final, ella creerá que son en su beneficio personal, ¿me entiendes?

—Hermano, ¿eres psicólogo o algo así?

—No hermano, soy abogado pero adicional a mi talento en la abogacía, soy un hombre que ha vivido mucho, pero sigamos..., conforme corrompes la voluntad de una chica u otra, las haces poco a poco doblar las manos hasta a la más pintada.

—¿Ejemplo?

—Por ejemplo…, después de que ella piensa que tu solo deseas ayudarla, le demuestras que a su alrededor, las mujeres que son PUTAS, les va mal porque no tienen un hombre como tú, y que ellas, por su forma de ser tan liberales, siempre terminarán perdiendo (en PATANES ANÓNIMOS le llamamos, rompimiento de esencia), le mencionas a sus amigas divorciadas, le muestras a chicas en la calle y le explicas que ellas son perdedoras o PUTAS, como puedes ver, la palabra o adjetivo PUTA, les empieza a dar terror, tanto terror, que aún, en tu peor momento frente a una mujer, esa palabra hace que su mente se distraiga, defendiendo su inocencia y grandes valores, has la prueba y verás.

—Hermano, me has dado una gran cátedra, entonces si yo sigo tus consejos, ¿podría acostarme con Nancy?, porque te recuerdo que nuestro código de ética en PATANES ANÓNIMOS dicta que podemos compartir chica.

—No funcionará porque ella sabe que tú quieres corromperla y la harás PUTA, en resumen, esta mujer jamás verá a nadie de la forma que me ve a mí, como su salvador, a los demás hombres los verá como gente que la quiere malear, o hacer PUTA, ¿entiendes?, así que busca tu PUTA y usa estas técnicas adecuadamente.

—Hermano quisiera llorar de la emoción, pero el código también dicta, ¡no llores!, eso te hace débil (nunca demuestres tu debilidad frente a una mujer incluyendo a tu propia madre o tu hija), así que después de esta cátedra te digo, hasta luego y ya me pidió Nancy permiso para salir contigo, mi maestro y amigo, pero te dejo, no sea que te vayan a parar y se haga realidad nuestro pretexto cuando algo te aburre que es..., "estoy manejando mi amor, te cuelgo, hay un tránsito cerca".

—Exacto, vas aprendiendo rápidamente y pronto tendrás muchas PUTAS en tu haber, me voy a meter a periférico hermano bye.

—Bye hermano y maestro.

—*Wow, ¡cada vez me admiran más!*

MENTIRAS BÁSICAS

Le voy a marcar a Consuelo antes de que con sus llamadas me eche a perder mi negocio, tut, tut, ¿Bueno?

—¿Amor?, ¿cómo estás?, oye, que bueno que hablas porque quiero que platiques con Alfonsito, tuvo problemas otra vez con ese niño de quinto año.

—Espera, espera, eso lo hablamos en la casa; ¿recuerdas ese gran negocio que te dije que me darían?

—Sí amor, emocióname con ¡buenas noticias!

—Hoy tendré una junta determinante, así que si quieres ser millonaria no me marques, mejor apagaré mi celular porque ya sabes que el subprocurador me marca constantemente, y gracias a él, perderíamos la oportunidad de nuestras vidas, ya sabes, Europa, Disney etc.

—Si amor, apágalo, si tengo algún problemita, le marco a tu hermano o a mi compadre.

—Y esos estúpidos que tienen que ver, ¿no andas de PUTA verdad?

—Amor, de eso quería hablar ayer, ¡me molesta que me digas así!

—¡Mira tú!, ahora te pones tus moños, ¿que necesitas de otro cabrón en siete estúpidas horas?, ¿ya dime qué diablos traes?

—Amor, ¡por el amor de Dios!, ¡no soy una PUTA!, por favor confía en mi cielo, espíame, ponme un GPS, pero deja de decirme así, ¡estoy harta!

—¿Ves cómo me haces perder millones de dólares con tus estupideces?, mejor cuelgo y haz lo que quieras, ¡pero llego a saber que andas de PUTA y verás cómo te va!

—¡Yaaaaaaa!, ¡deja de insultarme!

—¡Y tu cállate PUTA!

Colgué mi teléfono. Mejor encenderé un cigarro y tomare mi pastilla azul que cada vez me funciona mejor y me hace quedar bien con esa mujer que amo, cuando menos 40 minutos de placer sin parar están garantizados, pero llegando veré de que quiere hablarme, ¿no será que va a aceptar que es una maldita PUTA?, si es así, la mato, ¡lo juro!

¿QUÉ LE PASA A LA GENTE?

Hola Nancy, en verdad ¡que bella vienes hoy!

—Amor, te lo creo, porque hasta un señor me lo dijo en la calle, pero no te apures, yo me se comportar.

—Así debe de ser, *le dije en tono molesto*, ¿pero obvio lo volteabas a ver verdad?

—No amor como crees, el señor me llamaba y pensé que me conocía.

—¿Qué?, ¿a ver amor, que te he enseñado?

—Si amor, lo sé, pero entiéndeme, no oía bien lo que me decía y me acerque.

—O sea, ¿qué te pasa?, yo te protejo y ¿tu casi haces que te secuestren o violen? *(chantaje con proteccionismo, articulo 3 PATANES ANÓNIMOS)*

—Amor, ¿Pero que hacía?

—Si no te dicen por tu nombre, ¡no voltees!, y si te dicen tu nombre y no reconoces la voz, ¡no voltees!, ¡carajo!, luego es por lo que no he querido demandarle a mi esposa el divorcio, porque con tus malditos descuidos, un día me caso contigo y me quedo viudo inmediatamente, *(artículo 6 de PATANES ANÓNIMOS, hace mi voluntad o tendrá ella una gran pérdida si no se alínea a mis pensamientos)*

—Amor jamás me habías hablado así.

—¿Ya vas a llorar?, *(artículo 14 de PATANES ANÓNIMOS (ella siempre tiene la culpa, aunque yo la tenga).*

—¿Y qué quieres? jamás me habías insultado, mejor llévame a mi casa, es más, aquí me bajo.

—Mira tú, y con esa minifalda vas a parecer PUTA, ¿vas a conseguir cliente?

—¡ARTURO!

—Mira Nancy, ¿Que no entiendes que me preocupo por ti?, ¿y tú vienes vestida así?

—Amor me vestí como me pediste, yo no sabía que parecía PUTA.

—Carajo, no entiendes nada, pero no voy a discutir, te dejo en tu casa porque soy un caballero, porque si fuera un patán, te hubiera bajado aquí y te secuestran o violan en 3 minutos; *íbamos de regreso y otra vez mi calentura después de un enojo me traiciona, ¿qué carajos me pasa?, no lo sé, pero aplicare mi técnica nuevamente.*

Amor, perdóname, pero en verdad me preocupas tanto, espero me entiendas.

—Me dijiste que me veía como PUTA, me dijiste que pensaba casi buscar clientes y no lo voy a aceptar.

—¿Entonces por qué carajos no te bajaste?

—¿No me dijiste que me violarían?, claro que no me voy a bajar.

—¡Pues ahora te bajas!.

En el semáforo, que abre la puerta y que se baja, ¡carajo!, qué diablos le está pasando a las mujeres, esto tendré que exponerlo el jueves en mi junta.

NOCHE FRUSTRADA

No le voy a hablar a esta PUTA, estoy harto de ella, no me sabe valorar, al final, está mejor mi vieja y no me voy a divorciar por esta estúpida que acepta estar conmigo estando casado, algo me dice que es una PUTA y que jamás dejara de serlo, y solo para eso sirve, así que no le pienso hablar.

Llego a casa y todo está oscuro, abro el garaje.

—¡Carajo!, ¿qué diablos haces ahí?

—Trato de cambiar el fusible!

—¡Te vas a electrocutar!

En ese momento se encendió la luz, y ella con una cara de satisfacción.

—¡Mira!, si puedo.

—¡Quítate que te voy a atropellar! y no vas a aguantar más de dos toneladas de peso.

Al quitarse y adelantarse, me di cuenta de que a mi esposa le crecen las nalgas, ¿no será que anda con alguien más?, entro a la casa y me quiere besar y me la quito.

—¡Carajo!, ¿no te dije que no toques los fusibles?

—Amor, me dijiste que no busque a nadie porque parezco necesitada de macho, así que ya ves, no necesité de nadie para hacerlo, además, al final del día yo te enseñé a ti a cambiar fusibles o ¿ya se te olvidó?

—Deja de hacerte la chistosa porque no me dan gracia tus estupideces; *ahora no la tocaré, aunque me frustre. ni una ni otra.*

A LO MEJOR ESTOY MAL

Se va a la recamara.

¿Que aquí no se sirve cena?

—Sí, ya está en la mesa.

—Ah ok, ¿y yo comeré como perro solo?

—No amor, es que te vi enojado y pensé que querías tu espacio, al final estarás viendo la tele y yo no valdré nada, bueno, tal vez valga un poco en los comerciales, pero está bien te acompañaré, porque necesito hablar contigo.

—Odio que me digas eso, como si quisieras confesarme que ya tienes a alguien en tu vida.

—Amor, ¡ya por favor!, cena tranquilo.

—*Y si, no me había dado cuenta de que hablábamos en partes mientras cenábamos, entre mi whatsapp y mis noticias, que por cierto…, Nancy no me escribió, ¿y si se fue de PUTA a la hora de la hora?, ¿qué hago?, mejor aplicaré el articulo numero 27 (en un acontecimiento fuera de control donde el daño lo provocaste tú, demuestra falta de interés), así que aplicare esta regla a Nancy.*

LA CENA ES MUY BUENA, OBVIO
ALGO QUIERE

La cena estuvo deliciosa, se me hace que me va a pedir algo, este pastel de carne no lo hace más que en mi cumpleaños, así que romperé el hielo...

¿Y bien?

—Ok amor, quería hablar contigo.

—¡Eso ya me lo repetiste hace rato carajo!, ¡ve al grano!

—Está bien.

—*Me lo dijo con voz entrecortada.*

—¿Podrías prender un cigarro para mí?

—Y yo..., ¿qué?, ¿y de cuando acá fumas?

—Desde que me di cuenta de que es necesario tomar decisiones.

—Pues supongo que, si sabes fumar, seguro tu amante te enseñó, ella respiro hondo y me dijo...

—¿Puedo empezar?

—Si, empieza.

—*Me hizo jurar que no la iba a interrumpir, así que apliqué el artículo 44 que reza, oye a tu enemiga y sabrás como atacar.*

ALGO NO ESTÁ SALIENDO COMO
DEBERÍA DE SALIR

—Mira amor, esto ya se fue muy lejos..., insultos, maltratos físicos, salidas en la noche, falta de cariño y demás.

—¡Carajo!, estoy haciendo futuro, o sea..., ¿no me haces caso de lo que te digo?

—Amor, déjame continuar, prometo que esta platica será corta y no busco hacerte enojar, al contrario, te quiero ayudar.

—¿Ayudar desvelándome?, ¿eso es ayudar?, *tomó ella otra respiración profunda.*

—Amor, me voy.

—¿Qué?, ¿a dónde?, ¿ya te mandas sola?

—¡Desde hoy si!, ¡ya me mando sola!

—*Yo pensé, (¿ya habrá una rama de PATANES ANÓNIMOS para mujeres?)*

A ver, a ver, a ver, tú no vas a ningún lado, ¿qué es lo que te pasa estúpida?, mejor dime que andas de PUTA con un imbécil, ¿con mi compadre?, ¿con mi hermano?, ¿con el vecino?, ¡confiesa carajo!

—Bueno amor, la cosa es que desde hoy se termina mi vida contigo y si me agredes tendré que llamar a la policía, ya vienen en camino mis papás y mis hermanos para sacar mis cosas.

—No los voy a dejar entrar y si entran, les sacare la pistola y vamos a ver de a como nos toca, ¡es más!, *corrí al cajón y tome esa smith & weson y se la enseñe.*

—Mira Arturo, haz lo que quieras.

—*Cuando tocan a la puerta y gritan.*

—¡Policía!, ¡busco a la señora Consuelo!, ¡abra por favor!

—¡Hola policía!, ¡aquí está mi marido armado y amenazándome!

—¡Maldita!, ¿qué te pasa?, ¡te voy a matar!

Le apunté con el arma sabiendo que no tiene balas, o no sé si la cargué, solo sentí un golpe en la cabeza, tengo un zumbido en el oído y recuerdo una luz cuando me desmayé, no oigo nada, solo la voz de Consuelo diciéndome.

—Abre los ojos Arturo, ¿estás bien?

—*Cuando la reconozco, quise tomarla por el cuello, pero me di cuenta de que mi mano estaba amarrada a una cama.*

—¿Qué me pasa?, ¿qué me hiciste?

—En realidad nada y me da tanta tristeza que estés así.

—No mientas, que hasta los niños se dieron cuenta de todo lo que planeaste.

—No se dieron cuenta, estaban con mi Mamá, pero ¡ay! Amor, ahora la cosa esta más grave.

—Tú la hiciste grave con tus estupideces Consuelo.

—No amor, en realidad, tú la hiciste grave con tu deseo de hacer lo que te da la gana, jurando que eso es un código de ética de lo que es una buena mujer.

—*En eso, se acerca un hombre que le pone la mano en el hombro.*

¡Aléjate de mi esposa perro!, ¡te dije que eres una PUTA!, ya sabía que te acostabas con este cabrón, ¡siempre lo supe!, ¡te mande espiar!

—Mira amor, este cabrón es mi primo hermano que por cierto no conocías, él me va a representar, te dejo solo con él para que charlen y te tranquilices.

—¡No me dejes maldita PUTA!, ¡hasta con tu primo te acuestas!

—Señor, está metido en un gran problema que le puede causar de 3 meses a 1 año de cárcel.

—¡Yo conozco mis derechos desgraciado animal!, ¡soy un abogado prestigiado!

—Mire señor, una cosa es lo que usted diga y otra lo que el juez decida, pero como hubo tantos testigos, no creo que le queden muchas posibilidades, así que le pido se mantenga en calma y le explicaré que es lo que sigue.

MIS DERECHOS NO SE PARECEN A
PATANES ANÓNIMOS

Primero, quiero decirle que esto no es una confesión, que usted tiene derecho a un abogado y si usted gusta yo desde mi celular podría llamarlo, por cierto, mi prima, o sea su esposa, no levantará cargos contra usted, los policías si lo harán porque aseguran que usted les apuntó con un arma de fuego, y si fuera así, esto podría hacer que quede detenido hasta un año en la cárcel por esta agresión, que si bien no tenía balas su arma como usted dice, tendrá su arma que pasar por la revisión de un perito, y si estaba cargada, las consecuencias serían más graves.

—*En verdad, hasta aquí me di cuenta de que esto iba en serio, y me puse a pensar, ¿qué clase de PUTA dejaría a su marido en estas condiciones?, pero creo que lo mejor será oír toda la exposición usando nuevamente la cláusula 44 de PATANES ANÓNIMOS (escucha a tu enemigo y usa sus palabras en su contra)*

—Al final, usted como abogado sabe sus derechos, los cuales pierden poder con algo tan contundente porque además fue videograbado desde que entró usted a su casa.

—¡Maldita PUTA!, ¡seguro lo tenía planeado desde hace un mes!

—No señor, en realidad ella ya se había cansado desde hace 4 años, solo que pensó que aguantar un poco más de dolor, salvaría a su familia de algo tan complicado, sin embargo, ella está dispuesta a dar su perdón a cambio de que acepte no volverse a acercar a ella más que frente a un juez; dar por terminado su matrimonio y dando a cambio usted la guardia y custodia, así como la patria potestad de sus hijos.

—¡Jamás imbécil!, ¿crees que no conozco el procedimiento?

—Señor, le recuerdo que esto fue contundente con el video que se grabó, y aparte ya llego a oídos del subprocurador, por cierto muy amigo suyo, el cual espera mi salida para hablar con usted, aunque yo podría alegar no disposición por estar bajo los efectos de la anestesia, si usted deja de gritar y terminamos este ciclo en paz, inclusive, podría yo salir y decirle el acuerdo que llegamos alegando que en realidad, usted solo tropezó, pero que los chismes de sus vecinos hicieron este alboroto; piénselo un momento y yo saldré por esta puerta trasera a fumar un cigarro en lo que usted toma una decisión.

TAL PARECE QUE EL DOMINIO AHORA ES DE ELLA

—*Regresó el abogado y me queda claro que lo más rápido para no hacer un desastre mediático por mi relación con el subprocurador, es que acepte esta barbaridad de Consuelo, siempre pensé que era una PUTA y hasta mi Mamá me dijo, hijito, aléjate de esta chica porque se ve a 100 metros de distancia que es una PUTA, habla y se comporta como tal, pero no entendí a mi madre y mírenme, no tengo de otra.*

—¿Qué diablos quieres que firme?

—Su confesión de que perdió la cabeza y que usó un arma pensando que no tenía balas tratando de intimidar, pero el arma solo la mostró y la guardó en el cinto, como ve…, deseamos ayudarlo, así mismo usted aceptará la patria potestad de sus hijos a favor de su esposa, los cuales estarán muy bien cuidados, y su inmediata salida de la casa, si lo acepta, bastará con firmar, si no, pues…, esto tendrá que llevar su curso, aún así podría darle unos minutos más para que hable con su abogado, tengo su teléfono y ya le adelantamos lo sucedido, si me permite, le marco de una vez.

—¿Bueno?, ¿tigre?, ¿como ves esta bronca?

—Hermano, te recomiendo que firmes, ya que esto fue más lejos de lo que tu imaginabas, la semana pasada y antepasada que acompañaste al subprocurador, y en las dos ocasiones, salieron en periódico y televisión y como podrás imaginar, esto sería un desastre para ti, pero más para él, pero si firmas, yo me encargaría de hablar con el diciéndole lo que me proponen, que tus vecinos hicieron un chisme del tamaño del mundo pero, que nosotros domamos a este potro enloquecido.

—¿Entonces firmo?

—¡Sí! , ya me dieron copia y me parece que todo está en orden, es lo mejor, solo te detendrán de 9 a 15 días, espero que separado de los reclusos, y ya no te puedo decir más, solo hazlo.—*Colgó y firmé, pero jamás sentí un odio tan grande por alguien, y más por esta PUTA que me traicionó, maldita sea pensé.*

COFUNDADOR DE PATANES ANÓNIMOS, ESTO DEBE DE SERVIR

—*Salí del hospital, y me llevan discretamente en un vehículo al penal, me internan, me quitan todo y me dan un ropaje que estoy seguro de que tiene hasta pulgas, ¡jamás pensé en entrar a un reclusorio como detenido!*

¿Que sigue abogado?

—Ya todo está pagado, estarás en una celda aislado de la gente mala, a la semana te trasladaran a una cárcel de mujeres también aislado por 3 días pero te dará más tranquilidad que estar en este infierno.

—Llega un policía el cual me inspiro miedo

—¿Licenciado Lombardo?

—Si, soy yo.

—Viene usted bien recomendado, de hecho, mi Papá estuvo en su club hace algunos años, pero el murió, le decían el tomate porque era muy blanco y se sonrojaba muy frecuentemente.

—¿El tomate era tu Papá?, ¡wow!, ¡fué mi gran amigo!

—Si, así es y me hablo maravillas de su técnica, inclusive pensaba reclutarme con ustedes, pero aparte de que la cuota es muy cara, pues..., veo que hoy no tuvo el resultado que usted pensaba, sin embargo, por memoria de mi padre, hare que su estancia sea más placentera, su abogado ya me dio detalles, más la recomendación de mi Papá QEPD, vale mucho aun aquí, así que..., ¡Bienvenido!

ENFRENTO A MI ESPOSA EN MI MOMENTO MÁS DÉBIL

—*¿Qué demonios hago aquí?, hoy es jueves y no iré a mi reunión semanal, estos malditos se divierten y yo ya tengo un día aquí, que se me ha hecho como un año, y lo peor es que ninguno me vino a visitar…, cuando de pronto tocan a la reja.*

—¿Licenciado Lombardo?

—¡Servidor!

—Tiene una visita.

—¿Y qué hago?, ¿pasa la persona o tengo que ir yo? *Esta parte, jamás pensé en vivirla, por lo que no sé qué hacer, me llevaron dos personas a un cuarto el cual tiene un vidrio muy grande como blindado y unos teléfonos, pero no había nadie.*

—Use la silla 3, me ordenó el oficial.

No me había fijado que tenían números pintados con una pluma y al localizar la silla me senté, al abrir la puerta, vi a una mujer hermosa, senos grandes y cabello alaciado, pero…, ¿es mi esposa?, la quería matar por venir con esa facha.

—¿Qué diablos te pasa?

Un oficial me dijo agarrándome muy fuerte del brazo.

—Una palabra más y lo tendremos que castigar, tiene cinco minutos, ¡no más!, así que aprovéchelos.

—*Me senté y la vi a los ojos, pero no pude contener las lágrimas, me sentía traicionado, ¿cómo me hace esto?, si en verdad he sido un buen hombre, trabajador, leal, ¿porque este castigo?, tal parece que Dios no existe, tomo el teléfono y ella también cuando oigo su voz.*

—¿Cómo estás?

—¡Mal!, ¡obvio!, ¡muy mal!

—¿Te das cuenta de que esto fue grave y que es penado lo que hiciste?

—¡Ya lo sé!, ya me lo aprendí, ¿qué quieres?

—Me atreví a contestarle a tu amigo el subprocurador, estaba enloquecido hablando a tu celular miles de veces, y al contestar, le pedí una cita y me la dio, le expliqué lo mejor que pude las cosas y creo que le caí bien porque me prometió ayudarte a salir en pocos días.

—¿Y así fuiste?, ¿ya viste el sostén?, ¡se te nota!, a fuerza eso contribuyó, que PUTA eres, ¡venderte!

—Mira, no siempre te tendrás que acostar con la gente para hablar adecuadamente, la belleza es eso, belleza, si es que algún día me consideraste así, pero fui como tu mujer, tratando de ayudarte porque eres el Papá de mis hijos.

—Y soy tu esposo, ¡todavía me perteneces!

—¡Ay abogado!

—*(Noté que no me decía amor)*

—Estás tan metido en tu idea de dominio, que será mejor que me vaya y en otra ocasión te platicaré que más hablamos él y yo.

—¡Ya dime carajo!, ¿qué más te dijo?, pero no te perdono en la facha que fuiste.

—Pues no sé si me perdones o no, porque al final me di cuenta que me hice de tu propiedad, pero hoy ya no soy tuya, ahora soy mía, sin embargo; no vine a discutir mi vida ni mi forma de vestir hoy, más bien vine a asegurar que tu futuro sea mejor por el bien de mis hijos, y bueno..., le dije lo de los vecinos, y le expliqué qué cambiamos todo para que nada saliera en los medios, la gente cree que te operaron de emergencia y que estas en el hospital, así que por esa parte no te preocupes, saldrás en unos días y este documento te impedirá acercarte a mí a más de cinco kilómetros a la redonda, tu amigo Alejandro tendrá las llaves de la casa y tus cosas estarán en el garaje, incluyendo tus llaves del auto, tu cartera; no revisé tu celular, solo lo tomé cuando le contesté al subprocurador, el divorcio estará en dos semanas, me pidió el subprocurador que te dijera que no te presentes, sus abogados y el tuyo revisaron todo y lo ven en orden, posteriormente tendrás oportunidad de ver a tus hijos, los cuales te extrañan, en un lugar controlado, obviamente a mí ya no me verás.

—En verdad Consuelo, ¿alguna vez me amaste?, ¡dímelo!

—Tanto te amé, que aguanté golpes, descalificaciones y tu palabra preferida, ¡PUTA!, la cual ahora no me hace efecto, porque encontré un manual de un club que según tú, era un gran negocio, pero que al leerlo me quedó claro a donde ibas con tanto entusiasmo los jueves y por qué me repetías la palabra ¡PUTA!; pero hasta de eso me olvidaré, haré mi vida y tu tendrás tu tranquilidad, pues quien tiene una esposa PUTA , debe de sufrir mucho, y tú no deberías sufrir con tan despreciable ser, y por lo que observo, Dios volteó a verte con ojos de misericordia para quitarte esta PUTA que te lastima tanto.

—¿Sabes amor?, nunca pensé que fueras PUTA, te lo juro Consuelo, creo que deberíamos hablar.

—No creo, porque llevo años convocando pláticas las cuales jamás se dieron sin la palabra PUTA, pero hoy soy libre de todo juicio, soy libre de un PATÁN ANÓNIMO.

—Dame una oportunidad, ¡te lo ruego!

—Te di miles ¿recuerdas?

—Amor, todo culpable tiene derecho a una oportunidad más.

—Sí, sé que eres culpable y la oportunidad ya te la di, ¿cuántas veces te pregunté si tenías ganas de hablar? ¡y me dijiste que no!

—¿Te estás vengando de mí?

—No, para nada, pero estoy convencida que yo no quiero hablar, y no puedes pedirle a alguien una oportunidad que no desea dar, porque ya no desea estar contigo, este es mi caso, no porque me veas llorar, significa que yo ceda o que yo vaya a querer regresar.

—¡Señor!, terminó la visita.

—*El oficial me jaló de la camisa fuertemente mientras yo le gritaba.*

¡Te amo!, ¡te amo Consuelo!, ¡te amo!, ¡perdóname!

Ella con ojos llorosos pero una pose de no te creo nada se me quedo mirando como me jaloneaban.

Me dio tanto coraje, me quede con tantas ganas de decirle que jamás tendrá lo que yo le puedo dar, que la maldigo, pero ahora no sé qué hacer, estoy tan enojado, pero también quisiera decirle que la amo, que en verdad la amo, no tanto como faltar a mi promesa de PATANES ANÓNIMOS, pero, creo que si la amo.

A LO MEJOR NO HACÍA ELLA LAS COSAS TAN MAL

¡La comida es espantosa!, nos dan una especie de papilla, que obvio es papa, pero dicen que está vitaminada y no sé cuántas mentiras más, ¿en esto se ocupan nuestros impuestos?, ¿para esta comida?, después nos dan una merienda a las 8 de la noche que se basa en un maldito pan, y un vaso con agua leche, así lo bauticé porque es leche tan diluida que parece agua, y para variar, también juran que es vitaminada, y me pregunto, ¿cómo es posible que se cuelen tantas moscas en un lugar tan cerrado?, y me recuerdan a esa PUTA que se la pasaba por la casa con el mata moscas en lo que yo cenaba un gran filete con un buen pure de Papá y hasta postre, ¡y caray!, mis hijos viéndome con esa cara de estúpido, y al final la insultaba por el gusto de hacerla sufrir y por qué la simple excitación de tocarla después de enojarme me prendía tanto que no lo podía evitar, pero hoy acepto que quisiera abrazarla y decirle, te amo Consuelo; cuando de pronto un guardia me toma mi charola.

—¡Acabó la merienda!, ¡a la cama!

—¡No he terminado!, ¿que no ves?

—Se terminó y si te pones tonto, lavarás todos los trastes.

—¿Qué?, ¡dame ese pan!, de por sí dan puras porquerías, ¡dámelo!, yo vengo bien recomendado, *cuando de pronto se me dejan venir cuatro guardias, y me doblan el brazo, ¡maldito!, ¡me lo vas a romper!*

—Por lo que veo, nuestro recomendado lavará todos los trastes de la merienda, y si bien le va, terminará a las 3:00 am para después lavar los baños.

—¡Malditos son todos ustedes!

Me llevan a lavar los trastes, yo creo que eran miles y miles de trastes, no recuerdo si alguna vez lavé uno en mi vida, solo recuerdo como odiaba oír esos trastes chocando cuando Consuelo los lavaba, ya son casi las dos y juro que los estoy lavando dormido, ¡por Dios!, suenan y suenan, ¡ya cállate Consuelo!, estás de floja todo el día y ya en la noche quieres hacer todo, ¡cállate!, cuando me despierta un guardia.

—¿Estás loco?, termina por que te faltan los baños.

—¿Los baños?, ¿y tú quién eres para ordenarme?

—Soy tu peor pesadilla, el demonio en persona que te hará recordar que nadie es infalible, hoy extrañarás a tu esposa y tu maldita cama, ¡empieza ya que te esperan los baños!

—*Bueno, a decir verdad, no hacía Consuelo tanto ruido, más bien, a veces yo exageraba, y pienso que si ahorita estuviera en mi casa, hasta podría ayudarla a secarlos para que estuviera en la cama conmigo, podría hoy no enojarme y hacerle el amor, porque me quede extasiado de cómo se veía, en realidad es muy hermosa y....*

—¡Cállate y apúrate! *(Me gritó el guardia).*

LA REALIDAD ES MÁS CRUDA AÚN
CUANDO TE DOMINAN

—*No entiendo, soy un abogado prestigiado, yo mando, yo ordeno, yo meto a la gente a la cárcel, y ahora tengo que obedecer a un estúpido que ni la primaria terminó, ¿qué está pasando?, Dios, ¿en realidad existes?, ¿porque me dejaste solo?, ¿porque me traicionaste?, solo dormiré dos horas y para colmo, a un estúpido más joven que yo y sin dinero o estudios, tendré que llamarlo por "Señor".*

¡Apaga ese maldito despertador Consuelo!, ¡carajo, soy un hombre de provecho y tú una simple ama de casa!

—¿Qué?, jajajaja éste estúpido viene drogado.

—*Cuando siento un golpe en mi pierna con una macana y le grito.*

¿Qué te pasa animal?

—¿Que te pasa a ti?, porque para ti soy señor, a ver compañeros, vamos a alivianar a este recomendado un momento, cierren la puerta y echen un vistazo para ver que no pase supervisión.

—*Me tiraron al suelo y me patearon hasta que se cansaron, sin embargo, a lo mejor no me quisieron lastimar tanto porque me pude levantar, pero me recordó la vez que Consuelo me reclamó mi hora de llegada y la pateé de igual forma, la verdad me urgía que sintiera mi riguroso chanfle en sus piernas y que entendiera* que yo era el que mandaba, en la golpiza me di cuenta de algo más, que cuando ya no les gritaba o reclamaba, me dejaron de pegar, tal vez eso era lo que Consuelo hacía, quedarse callada para que ya no la lastimara.

¿No sé si me duele el cuerpo por la golpiza que me dieron? o, ¿por los trastes que lavé?, como si una maldición de Dios me hiciera entender que lo que hacía Consuelo en casa era más cansado que una audiencia penalista.

Pasan horas y parece ser que Dios me juega una mala pasada, porque al encaminarnos al comedor, me dice un guardia...

—Tú abogado, ¡quédate parado aquí!

—¿Que yo qué?

—¿Quieres otra calentada?, quédate aquí y no te vayas a mover, hoy no comes, solo observas.

—Oigo los platos pasar y ese menjurje huele exquisito, quisiera solo una probada, recordé la vez que le aventé los chilaquiles a Consuelo en la cara y me largué a un restaurante, me podía dar ese lujo de desayunar en otro lado, pero por lo que veo, aquí no va a ser así, espero me manden a lavar trastes y ahí me comeré las sobras, tengo muchísima hambre y este chamaco se ensaña conmigo, pero sé que saliendo lo voy a refundir.

Parece ser que no lavaré trastes hoy, y ahora, nos sacarán a tomar el sol, y me urge hacerlo por que sigo empapado de la lavada de trastes y baños, aun puedo oler ese penetrante olor a orines en mi nariz, me queda claro que Dios hasta en esto se ensaña conmigo, tiene que ser Dios, porque cada que hablo de Consuelo o la recuerdo, me viene un olor a violetas, que exquisito olor, bueno..., siempre me pregunte ¿cómo podía gustarle ese maldito olor a mierda?, pero no..., en verdad huele exquisito, pero creo que esta vida ya se acabó para mí, creo que todos están en mi contra y por cogerse a la PUTA de mi esposa, me refundirán años aquí.

¿Cuántos llevo?, ¿un año?, dos años?

y un vecino de celda me dice.

—¡No exageres!, solo llevas 2 días, y estás en el paraíso, adentro es peor.

—¿Que puede ser peor me pregunto yo?, en fin, el sol me viene de maravilla, y pensar que hace dos meses en semana santa, no quise ir a Acapulco con Consuelo por llevarme a Nancy de viaje a las montañas a esquiar en el frio, y ¡mira…!, es más agradable el sol, tal vez, quisiera estar con Consuelo en Acapulco, o en alguna playa, a lo mejor, yo se lo pediría a ella, vámonos a asolear a la playa mi amor, que me quiero dorar bajo el sol, a lo mejor compraría esa máquina de lavado de trastes que ella tanto soñó, ¡ufff!, me estoy volviendo loco, ¡salte de mi mente Consuelo!

VISITA INESPERADA

—¡Tienes visita chillón!

—*¿Consuelo?, ¡tengo que verme bien!, pero no me dejan tener ni siquiera un cepillo para peinarme, por primera vez use saliva tratando de arreglarme un poco cuando jamás hubiera hecho esto ni en mi peor momento, entro al cuarto de los teléfonos, pero esta vez sí había algo de gente, no quiero que vean de mala forma a mi Consuelo, se la comerán con la vista todos y yo con una mujer tan bella, pero bueno, no hay de otra, cuando volteo y...,*

¿Liz?, ¿eres Liz?

(una amiga de Consuelo la cual yo odiaba porque juraba que le metía mierda en la cabeza a mi esposa), sin saludar le digo.

¿Porque no vino Consuelo?

—La verdad, ella no sabe que vine, pero quería saber cómo estás y ¿cómo puedo ayudar?

—¿Por qué te importa saber cómo estoy?

—Pues no lo sé, yo perdí a mi marido y me dolió tanto, que tu caso me hizo tener la necesidad de saber ¿cómo podría yo ayudar?

—¿Ayudar? ¡sí siempre le ayudaste a andar de pu.., de canija con otros hombres!

—En realidad nunca fue así, salíamos, charlábamos, pero ella me ayudaba mucho, más cuando mi esposo me tildaba de PUTA, ella me enseñó su código de ética acerca de cómo debería ser con mi marido, pero me di cuenta que entre mejor lo trataba, más me maltrataba, hasta que terminamos, me dolió mucho porque se fué con esa idea de que yo era PUTA y me dejó por alguien mucho más joven que yo.

—Uff, no sabía yo eso, yo pensé que le ayudabas a ella a hacer tonterías, pero bueno…, vayamos al grano, ¿qué quieres aquí?

—Quiero ayudar, en verdad lo deseo, pienso que eso le dará paz a mi ser si lo logro; creo que ustedes hacían una bonita pareja y que con un poco de ayuda se podrían arreglar muchas cosas.

—No creo que eso pase, me metió a la cárcel, ella se volvió mala, ¿que no lo ves?

—Mira, tienes razón, desde allá adentro se ven las cosas muy mal, pero creo que esto se puede resolver de una manera mucho más amable, si tú me lo permites, podría hablar con ella, déjame intentarlo si es que la amas, pero necesito tu confianza.

—La verdad, tengo todo perdido, si gustas, haz tu esfuerzo, pero será en vano, en estos dos o tres días me doy cuenta el daño que le he hecho, pero si lo logras te levantaré un monumento, así que hazlo entonces y mantenme al tanto.

—Así lo haré y mira, logre conseguir un celular que, si bien no tiene internet, podrás recibir llamadas, éste no se cuando te lo den, pero ya me lo aceptaron, espero te lo entreguen ya mismo, y te tendré al tanto de mis avances, ¿te gustaría?

—*Con lágrimas en los ojos le dije que sí, que ahora me daba cuenta de que la amé con locura pero que mi maldito ego me decía, "eres una máquina de coger", así que ¡ve y coge!, que* quería cambiar ya mismo, que ahora extraño a mis hijos más que nunca, que deseaba solo darle cariño a mi mujer.

Cuídate, no sé por qué hagas esto, pero, gracias.

—A ti gracias, y en verdad lo hago porque nadie lo hizo por mí. ¡Suerte!

—Me regresan a mi celda, pero esta vez no me jalonearon, ahora le sonrió a este chico y noté que ya no me agrede como las veces pasadas, creo que a veces es necesario sonreír más que los constantes pleitos que tuve con mi esposa, hijos, los meseros, mis socios, mis hermanos y todo lo que estaba a mi alrededor.

ENTREVISTA DE LIZ CON CONSUELO

—Consuelo, ¿cómo estás?, perdóname que no te avisé que venía, pero me enteré por las chicas y aquí me tienes, ¿qué pasó?, me gustaría saberlo de ti si quieres contarme.

—Liz, ¡no sé por dónde empezar!

—Por el principio sería una buena idea, ¿no crees?

Tomó una respiración profunda y empezamos un diálogo que nos tomó más de 3 horas sin parar prácticamente ni un segundo.

Estoy sorprendida con el cariño que le tienes a Arturo.

—Le tuve más bien, hoy ya no lo amo.

—¿No lo amas?, has llorado lo suficiente para estar segura de que ¿no lo amas?, y mira…, nada justifica lo que te hizo, pero pienso que todavía están en tiempo de solucionar cosas, al final este escarmiento, ¿fue fuerte para ambos no?

—Amiga, no te entiendo, ¿qué solucionaríamos?, en realidad, este es mi marido, siempre lo supe, y la verdad me cegué.

Cuando yo lo conocí me platicó cuando menos tres historias de sus ex, donde él era el inocente y las demás las culpables, me decía que sufría mucho, pero tiempo después, me di cuenta que si alguien no hacía lo que él quería, entonces estaba en su contra, o sea, es un hombre controlador que manejaba la vida de los demás con chantajes, y cuando menos me di cuenta, ya jugaba el mismo juego que antes había jugado con otras y heme aquí, con el mismo apodo de sus ex, ahora soy la PUTA.

—Amiga, ¿y si el cambiara?, ¿si todo lo que él está viviendo le ayudara a cambiar?

— En realidad, él no va a cambiar porque lo desee, el cambiaría por obtener algo solamente, no está convencido que esto sea bueno para los dos, recuerdo a Mary Carmen que el marido borracho la golpeaba y que al final cuando ya se iba de la casa, el marido la detenía y le decía, si me perdonas dejo de tomar.

—Oye, ¿eso era bueno no?

—Pues no puede ser bueno porque primero fue agredida, él no se arrepintió de eso, más bien se asustó cuando Mary se iba de la casa y piénsalo..., *respiró profundamente*, él le ofrecía que iba (tiempo futuro y poco probable) a cambiar si ella accedía a sus chantajes, como ves, él no lo pensaba hacer porque lo sintiera, sino para que ella cediera, mira amiga, quien te dice, ya cambié, tiene algo bueno que dar, pero quien te dice voy a cambiar, en realidad solo lo hará una temporada con el fin de que te quedes en casa.

—Bueno, no lo sé, yo cambié con mi marido y mira, estoy divorciada.

—Amiga, tu como yo no cambiamos, más bien empezamos a hacer lo que a ellos les daba la gana que hiciéramos solo por obtener su amor, pero al final, nos humillamos para que no nos corrieran y quedar desamparadas y tener que regresar a nuestras casas.

A veces pienso que, si los Papás nos dieran la oportunidad de regresar y protegernos en estos casos, esto no pasaría.

—Tienes mucha razón; tanta, que no entiendo por qué no tomaste esta determinación antes.

—Pues la verdad, tenía miedo porque me vendió la idea de que mis hijos no tendría lo que tienen hoy si me iba, que no serían lo que son, que yo no era nadie sin él, pero uff, a un precio demasiado alto, y al final, los niños no son lo que son por él, son lo que son porque ellos quieren serlo, ya hable con ellos y en verdad me dieron su apoyo, solo el más pequeño quiere quedarse con su papá, ¿no sé si por amor?, o más bien por compasión, ¿no entiendo por qué?; cuando Arturo se enojaba, mi hijo le tenía pavor a su papá, más cuando gritaba frente a ellos.

—¿Los detendrás si se quieren ir con él?

—No creo que deba detenerlos, será una decisión de mis hijos con sus consecuencias, y si mis hijos regresan, yo les dejaré claro que mi casa es y será su casa.

—¿Te quedaras aquí?

—No me pienso ir, esta casa fué hecha por los sueños de ambos, eso sí, también fué hecha a base de muchos insultos, pero si me tuviera que ir, sé que mis papás me dan su apoyo sin cuestionarme, pero, eso se terminará de arreglar cuando salga de la cárcel y a nuestro divorcio.

—¿Te vas a divorciar?, ¿no puedes parar cuando menos eso?

—Suena a chantaje el divorcio, es como decir, ¡para que aprendas!, pero no me divorcio de él, me divorcio del dolor y del sometimiento, ahora soy libre de decidir que deseo para mí, que no te das cuenta que renuncié a mi persona, a mi ser, el hasta me decía como "debía de vestir", "como debía de hablar", como si algún libro religioso o no sé en qué texto, hubiera un código de ética de que debemos las mujeres hacer o cómo debemos comportarnos, el me repetía la palabra "debes", como si el tuviera la verdad absoluta.

—Y si aún así él te ofreciera una vida mejor, ¿lo aceptarías?

—Amiga, mi marido no necesita un beso mío, mi marido necesita besos de muchas mujeres, porque él requiere mostrarle al mundo que es un verdadero macho, él vive una vida de apariencias, el cree que amar a su familia es un estado de debilidad, y ese es un camino por el cual yo no lo puedo seguir, yo no puedo hoy ofrecerle una vida como el la desea, estoy en mi momento y creo que es mi obligación ser feliz.

Siempre me gritó que no tendría nada mejor de lo que tengo, pero me daré la oportunidad ya no de ser mujer, sino de ser muy mujer, sí seré rica o no como él, no dependerá de la suerte, porque estoy ahora segura de que está más cerca del éxito quien lo intenta, que quien lo espera de alguien, y hare todo para lograrlo, y si aun así pierdo, no pasara por mi mente…, ¿porque no lo intenté?

Inclusive, en ese tiempo, me acerqué a mi suegra buscando ayuda, no le pedí que hablara con su hijo, le pedí que me enseñara a hacerlo feliz y ¡ve!, pidiendo consejos para sacrificar mi vida no por mí, sino por él y para el…, ¿sabes?' creo que siempre estuve mal, pero aún así me atreví a pedir ayuda a su Mamá para lograrlo, al principio, me decía amablemente como darle de comer, vestirlo y planchar su ropa, me pedía que jamás lo contradijera, inclusive, una vez que hubo golpes, ella me dijo que para que eso no pasara me portara bien.

—Oye, es como si ella supiera que estabas condenada a sufrir maltrato si no hacías las cosas que su hijo quería, ¿qué fuerte no?

—Sí, muy fuerte y más porque ella apoya ese sistema impuesto por los hombres.

—Entonces los hombres ¿son el enemigo a vencer?

—¡No!, los hombres no son el enemigo, nuestra mente que se deja controlar por amor o por pasión es el verdadero enemigo, por lo que escuchamos y por lo que nos dejamos juzgar, hace que nosotras seamos el enemigo más cruel.

—¡Entonces ellos son como la mecha y la dinamita está en nuestra mente!, wow, eres increíble, pero…, ¿cómo sabes todo eso?

—He buscado mucho en las cosas de Arturo, déjame hacerlo más gráfico y tal vez entiendas que, esto es un movimiento a nivel mundial, ¿quieres ver el video que le robé a mi marido de su celular?, ¡te podrías asustar!

—Pues, si tu marido no está sin ropa, lo quiero ver.

—Fíjate bien.

DESCUBRIENDO AL SISTEMA

Ponte el audífono, porque no querrás perderte ni un solo momento.

—*Bienvenidos al sistema, PATANES ANÓNIMOS, en este capítulo les mostraremos como grandes organizaciones trabajan para que nosotros podamos ser aquella raza que mueva al mundo, o, mejor dicho, seamos los herederos del nuevo orden mundial.*

Hemos trabajado durante años en silencio, haciendo que las cosas cambien a pasos agigantados.

Ahora les enseñaremos como son las mismas redes sociales una gran herramienta en el apoyo a nuestra causa, aquí tenemos al ingeniero Pedro, hola Pedro, ¿cómo estás?

—*Hola, estoy listo para convertir al mundo en una nueva orden para nuestra raza.*

—*Cuando hablas de nuestra raza..., ¿hablas de la raza humana no es así?*

—*¡No!, no hablo de la raza humana, hablo de los humanos varones, los cuales, en décadas perdimos el poder cuando el instinto sexual nos dominó, si como lo oyen, cuando la esposa novia o amante nos cerró las piernas para no dejarnos avanzar a menos que nosotros diéramos algo a cambio como: fidelidad, dinero, compromisos y sin darnos cuenta fuimos esclavizados, pero ahora es diferente.*

—*Nos encanta la charla pero, venimos específicamente a ver qué pasa en cuanto a las redes sociales y sus aportaciones a nuestra nueva orden.*

—*Muy bien, las mujeres usan un sentimiento muy fuerte en su plexo solar como se le llama ahora al estómago, el cual genera una gran energía creadora, pues bien, nuestro trabajo es guiar esa energía a nuestro favor, míralo tú mismo, si ves en esta pantalla, esta parece ser mi red social, pero si observas mis fotos y mi nombre, encontraras que no tiene nada que ver conmigo, es la red de una chica, la cual como puedes ver, en su primer fase se ve muy emocionada por su matrimonio, pero en las siguientes notaras problemas en la relación, la cual publican, y aquí empieza el verdadero desastre para ellas y creación para nosotros, pon atención en la cantidad de likes que tiene ahora que se está quejando, y como ves, el apoyo es incondicional.*

—*Bueno, eso me enternece, los hombres podríamos tener algo igual.*

—*¡No!, por Dios que no, parecemos crueles entre nosotros o faltos de sentimiento, pero no debe de ser así por esto, ya después de que más de 80 señoras produjeron una sensación de enojo, esto se multiplica en acciones, digamos que acaban de dar a nuestra chica su destino final.*

—*¿Como?*

—*Sí, primero, por empatía y al final, por resonancia, la chica que ahora da likes, empezara a tener un alejamiento mayor de su marido al comparar la situación de la chica ficticia con la de su propia vida, como si la imitara; ve más adelante, las cosas se ponen peor, ahora yo... perdón, ella,* muestra su frustración, y dice las palabras mágicas..., "todos los hombres son iguales", la magia cierra su círculo por que como puedes ver, se le vuelven a unir, pero si pones atención, ya hay dos amigas en el mismo problema, y ahora las demás por empatía, la protegen, e inclusive, la apoyan con palabras de aliento, las mismas palabras de aliento que traerán su desgracia, ¿entiendes?

— Quiero entenderlo.

—Mira, te lo diré de esta forma metafísica; yo lanzo ideas, las mujeres me las compran y las replican, haciendo cada vez un grupo muchísimo más fuerte que la vez pasada, sinergia pura, y lo demás es magia; ahora los hombres toman más poder por que en teoría son más malos, las mujeres hacen más de lo que ellas se quejan, porque si ves en mis relatos y quejas, al final, muestro yo mujer ficticia, que si pierdo esto, no habrá ya nada para mí, y por miedo, no se va, sino que ve como un buen sacrificio aguantar con tal de no destruir un matrimonio.

—Oye, ¡estoy sorprendido!, yo no sabía que ustedes trabajaban para nosotros.

—Si, como te dije antes, nosotros ponemos la pistola y ellas jalan del gatillo.

—Estoy impresionado, pero supongo que hay más que solo esto, ¿es así?

—Lo hay, pero será motivo de otro video, por hoy, solo fué una demostración de nuestro gran poder, y que ellas jamás se imaginarán quien está de tras de esta gran empresa.

—Gracias, y reportó para PATANES ANÓNIMOS, Jorge Vasconcelos.

—No sé qué pensar Liz, no sé si llorar, odiar o matar a algunos cuantos, incluyendo a Arturo, que me han hecho creer cosas, me hicieron traicionarme como mujer e inclusive, traicionar a mis hijos con sus ideas impuestas.

—Tranquila amiga, porque ahora sabemos la verdad ¿no crees?

—Pues sí Liz, aunque desgraciadamente, fue el único video que pude copiar, pero ¿como ves?, ¡es increíble!

—¡Ya lo creo!, ¡lancémoslo al mundo para que todas las mujeres se enteren!

—Amiga, lo intenté llevar a una editorial, e inclusive a un programa de tv y me dicen que estoy loca, hasta creo que ellos son la misma gente de este estúpido sistema en el que estamos metidas hasta nosotras.

—Amiga en verdad me voy con los ojos cuadrados, y quisiera saber un poco más de este orden mundial, ¿cómo podríamos investigar más acerca de esto que literalmente nos hacen?

—Pues no se amiga, en estos dos días me obsesioné y busqué en todas sus pertenencias, inclusive platiqué con dos esposas de sus amigos y no tienen la menor idea de lo que hablo, así que tal parece que hasta aquí llego nuestra investigación, solo me falta revisar su auto y estudiar un manual que encontré que se llama PATANES ANÓNIMOS, bueno, tal vez es el principio de algo más grande, espero buscar en internet o no sé dónde, pero quisiera llegar más a fondo de esto.

NO PUDE DORMIR

—No puedo conciliar el sueño, ¿cómo es posible lo que vi?, ¿Porque en mi vida fui tan tonta me pregunto yo?, ¿alguien más aparte de nosotras sabrá que esto existe?, en fin, cuando de pronto oigo un mensaje y leo...

—Amiga, podría haber la posibilidad de que yo hablara con él, pese a todo lo que vi, sigo pensando que mis hijos no se merecen esto, seguiré pensando, buenas noches.

—Wow, suena tan lindo y tan feo que no sé qué pensar, ¿se merecen una familia sin Papá o Mamá?, o..., ¿se merecen vivir a base de golpes y gritos?, porque al final, lo verán como algo natural y después lo repetirán con sus familias.

Ahora estoy el doble de confundida, no entiendo, después de lo que vió Consuelo, ¿cómo piensa que podría volver a intentarlo?, bueno, me conformaré por el momento en que es mujer y ya, tal vez yo haría lo mismo, no lo sé, pero mañana le daré la buena noticia personalmente a Arturo, hay algo que me hace pensar que no es tan malo después de todo, o ¿ya caí en el sistema?

SEGUNDA VISITA AL INFIERNO DE OTROS

Antes de ingresar al penal, en la puerta principal, me encuentro a un gran amigo.

¡Hola Antonio!

El voltea con cara de seductor pedante, pero al verme, con una gran sonrisa me grita.

—¡Hola Liz!, ¡ven para acá!

—*Una gran comitiva lo seguía y tuvieron de mala gana que hacer una pausa para darme oportunidad de saludarlo.*

—¿Que has hecho de tu vida princesa?, mi único amor.

—*Soltamos una carcajada.*

Oye, ¿qué te pasa?, ¿que pensara tu gente de ti?

—Nada, ellos jamás juzgarían al director de la institución.

—¿Me quieres decir que eres el director del penal?

—Si, mi paso por las leyes y la política me trajo hasta aquí, ¿y tú que haces en este lugar?, podría presumir que me venías a buscar.

—Bueno, es maravilloso saludarte, pero en realidad vengo a ver al esposo de una amiga el cual está detenido desde hace unos días.

—Entiendo, espero que te haya tratado bien mi gente, de lo contrario, tendrían problemas serios al maltratar a mi princesa.

—En realidad, ¿no sé si me tratan bien o mal?, solo pienso que hacen su trabajo.

—¿Deseas que revise el caso de tu detenido?

—Pues mira, me gustaría muchísimo que eso pasara, pero me ayudaría más si pudiera tener una conversación más larga con él.

—Mi princesa, eso se puede arreglar, déjame que lo muevan al paraíso, así le decimos a una pequeña oficina donde podrán hablar más cómodamente y sin que tu revisión sea exhaustiva.

—¿Harías eso por mí?

—¡En realidad haría todo por ti!, dame tu número de expediente y adicional a revisar el caso, hare que te lleven de inmediato al paraíso. ¡Licenciado!, lleve a tan distinguida huésped al paraíso, y tenga este expediente, hágame el favor de pasar a el detenido para que ellos puedan charlar a gusto el tiempo que necesiten, no olvide ofrecerle parte de mis cortesías que ofrezco a mis invitados.

—*Esta vez entré por un lugar diferente, parece aquí todo más bonito, la gente es muy amable, me queda claro que en verdad Antonio es una persona que pesa en esta institución.*

—Pase por aquí señorita, ¿le ofrezco un café o refresco?

—Me gustaría más agua simple, gracias.

—El señor ordenó le trajera unos bocadillos que serán una delicia para usted, e incluí, una comida ligera que será un placer para el detenido.

—Gracias, acepto su ofrecimiento.

En la espera, contemplé algunos cuadros, entre ellos, un cuadro alusión a la divina comedia donde Dante recorre el infierno, me sonó a sarcasmo, porque he llegado a pensar por lo que veo en las noticias y documentales, que esto es más semejante al infierno, que lo que se lee en la obra de Dante.

—Hola Liz, ¿cómo lograste que me trajeran a este lugar sin vidrio?

—Pues es una historia larga, pero, te adelantaré que el director es amigo mío, y accedió en revisar de inmediato tu caso, pero me gustaría platicar eso en otra ocasión, he venido a hablar contigo de algo que te interesa muchísimo.

—Soy todo oídos, aunque lo que más me interesa hoy es saber de mi Consuelo, ¿que es de ella?

—A eso vengo, tuve una larga plática con ella.

—¿En verdad?, ¿me ama aun?

—No comas ansias, te diré que te traigo dos noticias, una buena y una mala, pero como la buena es demasiado buena, te diré la mala.

—Uffff

—Tranquilo, ya te dije que la buena lo compensa todo. *Curiosamente se levanta de su silla y se arrodilla, como rogándome le diera la buena noticia.*

Bueno empecemos, ella encontró un video de una asociación llamada PATANES ANÓNIMOS, en la cual hacen mención del dominio de los hombres sobre las mujeres e inclusive explican los procedimientos.

—¡Ay! Liz, los hombres somos tan raros a veces, nos encanta complicarnos la vida por amor a nuestro ego, nuestro deseo de ser superiores; y eso nos hace estúpidos al hacer inclusive organizaciones con este fin.

—Me quieres decir que, ¿tu estas inscrito en algo así?

—Te diré la verdad Liz, porque ya cambié y quiero confesarle esto a mi esposa, yo soy el cofundador de esta despreciable idea.

—*Sus ojos muy llorosos, llego a pensar que está arrepentido.*

—Hice esto porque alguna vez (justificación mía), las mujeres jugaron conmigo, hasta que les encontré el modo de dominarlas, a tal grado, que mis amigos se acercaban a mi para pedirme consejos, y yo como un psicólogo nato, consejo que daba, consejo que funcionaba.

—Algo así como…, ¿cómo hacerle daño a mi pareja?

—Parecido a eso, pero no así necesariamente, mira Liz, en realidad los hombres buscamos ganar a cualquier precio y cuando tenemos miedo de perder algo, en lugar de portarnos mejor, atacamos más.

—¿Y por qué atacar más?, solo pórtate bien y ya.

—Que poco sabes de mujeres tú.

—Pues si me explicas te juro que aprenderé, porque ahora resulta que no se dé mujeres y soy mujer.

—Mira, los hombres no queremos portarnos bien o ser un buen hombre, y menos porque tenemos la ventaja que nos da vender la ilusión de la protección a las mujeres que conquistamos.

—Ahora entiendo menos, explícame bien.

—Si nos portamos bien o somos buenos hombres, algunas mujeres, ¡no todas!, piensan (hicimos que pensaran), que el hombre a su lado perdió poder, que ser buen hombre lo debilita y ya no puede protegerlas, y al final terminan dejándolo o engañándolo porque ya no es un hombre agresivo y protector, más bien es débil, o en lugar de ser hombre se convierte en mujer jajajaja.

—No le veo la gracia, o dime en donde me debería de reír, porque en verdad no creo que todas.

—Ok, no todas, pero hay algunas que aman un hombre así, hasta dicen que un hombre que cocina enamora, pero al final ellas mismas tienen una idea tan baja de lo que es un buen hombre, que lo devalúan literalmente a hombrecillo.

—¡Eso es mentira!, tengo miles de amigas que amaríamos a un hombre así a morir.

—No lo creo y te daré un ejemplo; tú me dices que amarías un hombre así, pero no has tenido a ninguno, según se por Consuelo.

—Si, así es.

—Entonces no puedes decir que un hombre así te agrada o enamora porque no lo has vivido, más bien es una idea que te entusiasma, pero no podrías saberlo hasta tenerlo.

—Mmm, no me convences, pero sigue.

—Mira, si tu buscaras un hombre así, ¡lo tendrías y ya!, existen y son muchos.

—Pues más bien mi karma me hace tener gente mala en mi cama.

—Sí y no, y no culpes al buen Dios porque los hombres damos señales de quienes somos y que pretendemos, pero tu ilusión de ser protegida te hace justificar con argumentos como…, es algo enojón, pero con amor se le quitará, él es así porque la vida lo trató mal, pero al final, me siento segura con él.

—Ok, te voy entendiendo, sugieres que, en realidad desde los primeros momentos de agresión, nos damos cuenta con quien estamos y justificamos la agresión porque tenemos miedo de perder una protección, ¿me equivoco?

—Estas tan en lo cierto que ahora pregúntate, ¿porque desde el momento que te diste cuenta de que tu exmarido era agresivo y que esto era una ilusión…, no hiciste nada por detenerlo?

—Ok, por la ilusión, pero a lo mejor te equivocas porque al final me pedía disculpas.

—¿Pero lo volvía a hacer?

—Bueno pues si, a veces la cólera le ganaba.

—¿Ya ves?, hasta justificas que su cólera le ganaba, y entonces las señales que Dios te manda o en lo que tu creas, pasan a segundo término, y ya caíste con un patán como yo.

—O sea que…, me haces daño y después yo lo justifico porque creo que, si no lo hago, ¿te vas? o porque ¿tengo miedo a perderte?

—En realidad no tienes miedo a perderme, tienes miedo a perder tu protección.

—Pero si fuiste lindo conmigo, ¿eso fue lo que me confundió no?

—Exacto, te confundiste, por que como ves, puedo dañarte y pedirte perdón para volverte a dañar, ¿qué no ves que al final el pedirte perdón es como pedirte permiso de lastimarte?, y a eso aúnale tu justificación de mis golpes, cada vez esto se hará más grande.

—Wow, de ayer a hoy he tenido las clases más importantes de mi vida, si hubiera sabido esto, no sería tan desdichada en el amor.

—En realidad eso también es una justificación, eso de si sabías o no, siempre supiste, nunca falló, solo que no quisiste tomar una decisión.

—¿Decisión?

—Sí, porque si el agua te cae del cielo y no deseas mojarte ¿qué haces?

—¡Pues me tapo obvio!

—Y si te llueven golpes ¿qué haces?

—Me defiendo.

—Ok sí, pero ¿si aun así sigue cayendo golpes en tu cuerpo?

—Supongo corro.

—¡Exacto...!, sabes que hacer, ahora la pregunta es…, ¿porque no lo hiciste?, antes de que me contestes te diré…, no se vale decir por tus hijos, por no tener una familia disfuncional, no se vale. Ahora si contéstame, ¿porque no te fuiste?

—¿No sé qué contestar?, en realidad diría que, por amor, pero no se vale, o por mis hijos y siendo así, me quedo atónita.

—Muy simple, por tu miedo a la falta de protección, ya sea económica, como pareja, etc., pon los sinónimos que quieras, pero no te fuiste y aceptaste agresiones y golpes, y hay otras justificaciones que te amarran a seguir siendo golpeada.

—¿Por ejemplo?

—La ilusión a un futuro prometedor es una de ellas, porque esta ilusión de tener o vivir algo que te agradaría vivir, aunque no exista, y ni siquiera haya un posible tiempo para obtenerlo, es un reto para aguantar más agresiones.

—Otra vez no entiendo nada, explícame con manzanitas.

—Jajajaja tratare de hacerlo, fíjate, después de golpes o engaños, al final sabiendo tu miedo de perderme o de que no te proteja yo empiezo a prometer que esto algún día cambiará, ya desde ahí es una nueva ilusión, porque dije muy claro, algún día cambiará esto mi amor, vas a ver que sí, ¡ten fe!, ¿suena bonito?

—Muy bonito y cuantas veces habré escuchado eso, hasta creí que sí.

—¡Pues no!, porque tu sabías que él no cambiaría, pero te agarraste de la ilusión, comprada por ti, pero vendida por él.

—¡Oye!, él me está diciendo que algún día cambiará.

—Sí y su voz suena sincera, pero al final sigue siendo algún día, mas no dijo cuándo, o por lo menos en que tiempo el cree que lo logrará, y lo peor es que el solo construirá ese futuro o ilusión, si lo analizas, en la promesa, no te incluyó en el proyecto para ayudar a lograrlo más rápido, como ves, no hay ningún compromiso, aunque no soy muy religioso, alguien dijo, "el que tenga oídos, que oiga".

—¿O sea que en realidad él me dijo que no?, solo me hizo pensar que algún día, ¿pero me está diciendo que algún día no muy lejano con tono de que no?

—¡Exacto!

—¡Que ciega estaba!

—O más bien..., que sorda estabas ¿no crees?

—Estoy atónita y tendré que digerir esto en mi cama, ya estoy retrasada y como ves traigo buenas noticias, la primera es que revisará tu caso mi amigo, y tendremos más charlas así con estas ricas viandas, y la mejor es que, Consuelo me mandó un mensaje que probablemente hablará contigo.

—Wow, ¿me lo juras?

—*Nunca me habían besado la mano y me siento incomoda.*
Solo intento ayudar y si esto sale bien, pronto la veras y pronto saldrás de aquí.

—Bendita seas, eres un ángel para mí, y muy pronto yo me convertiré en un ángel también, inclusive con alas, y no te olvidaré cuando salga de aquí, siempre pensé que eras mala, ahora veo que eres mi amiga, no mi enemiga.

—Jajaja, ahora me río yo, bueno Arturo te dejo y te veré pronto, eso sí, ten un buen pretexto para lo que ella vio en la grabación, porque no le pareció para nada gracioso.

OTRA NOCHE SIN DORMIR

¿Si todo esto fuera cierto?, o ¿si solo lo dice para demostrar que está arrepentido?, ¿por qué me lo dice a mí?, ¿para influenciar yo a Consuelo?, pero al final viví todo lo que él dice y así fui manipulada, yo misma ayudé a que esto pasara con mi falta de decisión, hasta llego a pensar que creí que ellos estaban bien y nosotras mal, ¿y si también las mujeres fuéramos parte de esta misoginia?, pero yo jamás vi eso en casa, ¿o si lo vi?, bueno, recuerdo que mi Mamá sabía cada movimiento de mi hermano, el cual siempre traía diferentes chicas a casa, y recuerdo sus reproches, ¡ay! Miguelito..., ¿a dónde vas a llegar con tantas mujeres? (con una voz de regaño a un niño de 5 años, pero en el fondo, como sintiéndose orgullosa de sus acciones), y él le contestaba, Mamá, solo vivo mi vida como la vivió el abuelo y ve cuanto vivió, así que aseguro mi vejez y mi apellido, y mi Mamá hacía una cara de desacuerdo pero al final yo notaba que tenía una sonrisa como de orgullo; recuerdo también a mi Mamá platicar de mi hermano con mis tías, como quejándose, pero a mí me parecía que lo estaba presumiendo, y mis tías decían, ni modo prima, al final eso se hereda, era algo así como dar su consentimiento, y como contraste, no se me puede olvidar cuando mi hermana alguien la vio besándose con su novio, fue horrible ver como al llegar a casa mi Mamá le gritaba que era una PUTA, que deshonraba a nuestra familia que ha sido

respetada por varias generaciones, ¿pues no ella misma dijo que mi abuelo y mi hermano eran unos mujeriegos?, le pegó y la insultó hasta cansarse, no recuerdo que paso después, solo me acuerdo que se fue de la casa y jamás volvió, hoy por hoy mi Mamá se refiere a mi hermana como una PUTA, que ¿cómo era posible haber dado a luz a tan despreciable engendro del demonio? Mi hermana era inteligente, estudiosa, dedicada, vendía dulces cuando solo tenía cinco años y creo que todo el dinero se lo daba a mi Mamá, algo que mi hermano jamás hizo, lo mantuvieron toda su vida. Cuando llegó con su chica ya embarazada, se le trató a la chica con cierto respeto por ser la pareja de mi hermano, pero al final, se le encasilló como PUTA, porque una vez salió y se quedó a platicar con unas amigas, tal parece que mi Mamá defiende el encarcelamiento en casa para las mujeres, ¡por Dios!, estoy muy confundida, ¿hasta dónde llegara esto?, creo que si sigo así, tendré que tomar pastillas para los nervios, me da risa porque mi Papá siempre dijo que mi Mamá tomaba pastillas para los nervios porque era drogadicta, cuando él las tomaba desde antes, e inclusive le enseñó a mi Mamá a tomarlas porque eran un gran remedio, no se me olvida que ella no quería pero mi Papá la obligó, y ahora pienso..., ¿la obligó o ella se dejó?, porque no recuerdo que se la diera en la boca a fuerza..., creo que mejor dormiré porque si no voy a quedar muy decepcionada de mi familia, ¡ufff, me estoy volviendo loca!

UN DÍA EN EL TRABAJO

—¿No sé qué hago?, camino como un robot que solo camina en la dirección que programaron pero que no piensa en realidad por donde va, me urge llegar porque mi jefe me mandó un mensaje donde me dice que le apura hablar conmigo, ¿pues que hice?, en fin, siempre salgo a buena hora y hoy no será el día en que llegue tarde.

Buenos días, Don Remigio.

—Buenos días Liz, por favor pase, me urge charlar con usted.

—Dígame Don Remigio, que puedo hacer por usted.

—Mire Liz, he visto su gran desempeño y dedicación a la compañía que usted nos ayuda a representar, así que he decidido darle la oportunidad de ejercer la supervisión general, que además de otorgarle un mejor sueldo, le dará un poder mayor para hacer que esta empresa camine como un reloj suizo.

—Mi corazón palpita a mil por hora Don Remigio, estoy emocionada, asustada y extrañada por todo lo que he vivido últimamente.

—Pues, aun así, no le podría yo aceptar un no, y le pido que en la reunión de las 11:00 a.m., me acompañe porque deseo dar la noticia de inmediato al personal.

—Don Remigio, no sé qué decir..., la verdad deseo agradecer su confianza, no puedo creer que a mí me de tal honor, los demás jamás votarían por mí.

—Mire señorita Liz, siempre hay alguien que dude de nosotros, procure que usted no sea de los que dudan de sí mismos, y la verdad no tengo tiempo para agradecimientos, vaya a tomar un café y no dé explicaciones de por qué salió al restaurante de enfrente, todavía tiene dos horas.

—Pero Don Remigio, ¡mi supervisora me reprenderá!

—Usted no diga nada y salga de inmediato a tomar ese café.

—*Salí, y mi supervisora me llamo y no le hice caso, wow es como tomar venganza de sus gritos, esto se pone divertido, me ha hecho la vida imposible tanto tiempo y ahora estaré a su altura, ¡grandioso! llego al restaurante y saludo muy airosa.*

Buenos días joven.

—Buenos Días Liz, ¿su desayuno económico de siempre?

—¡No!, ¡soy una supervisora!, ahora deseo esas chuletas de ternera que dan con ensalada, un jugo grande y el mejor café que ustedes tienen.

—¡Señorita!, se está dando un banquete, ¿es para celebrar este gran honor supongo?

—Así es, y si me atiendes bien, te podría dar empleo, ya que necesitare gente de confianza a mi lado.

—¿En serio?, ¡me encantaría!, aquí la verdad no me dan seguro social.

—Yo te lo daré de inmediato, pero quiero que seas mis oídos desde el primer día, así que a mi supervisora que siempre viene a comer, quiero que le oigas todo lo que diga en especial el día de hoy.

—Sí jefa..., ups señorita Liz.

—*Jajajaja suena bastante bien.*

JUNTA A LAS 11:00 A.M. EN PUNTO

—*Entro y mi supervisora me dice.*

—Después de la junta te veo en mi oficina con todas tus cosas, a mi ninguna vieja me va a faltar como lo hiciste tú.

—¿Porque a los chicos los dejas salir y a mí no?, todo me preguntas, ¿que a dónde voy?, ¿con quién estoy?, pareces más mi Mamá que mi jefa.

—Mira, mejor ni te acerques a la junta, porque ya estas fuera de la empresa, me juego mi puesto a que hoy te vas.

—*No le contesté y me fui al baño, adentro lloré por lo injusta que era ella conmigo, los chicos sin hacer nada por la compañía, salían y entraban a su entero antojo, cuando de momento oí a Don Remigio decir.*

—Va a empezar la junta, ¿dónde está Liz?

—Y la supervisora contestó.

—Digamos que está castigada por su mal comportamiento.

—Tráiganla, y si la vamos a correr, será hoy mismo.

—Eso quería oír señor, voy por ella personalmente; ¡ya sal y no te hagas la graciosa!, el jefe te quiere ver.

—*Salí, tomé aire y Don Remigio que siempre tiene la costumbre de ponerse en medio como cantante famoso, tomó la palabra.*

—Señoras y señores, este es un día diferente para todos, primero, porque creo que necesitamos gente fresca al frente de la compañía, así que haré un nuevo nombramiento.

—*Mi supervisora volteo a verme con cara de señora de telenovela, por cierto..., de las malas.*

—Deseo informarles que he decidido nombrar a la nueva supervisora general.

—*Ahora yo la volteo a ver y ella ya da un paso al frente.*

—¡Liz pasa!

—*Paso muy desconcertada.*

—Liz desde hoy es la nueva supervisora y ahora todos le reportarán a ella, llevará el control total de la empresa incluyéndome a mi jajajaja.

—*Se oyó un murmullo general, no lo podían creer cuando esta señora tomo la palabra.*

—A ver Don Remigio, este puesto es para mí no para una put...., perdón para esta (de forma despectiva) que no hace caso.

—*Nuevamente se oyó el murmullo, y decidí quedarme callada, aunque en verdad tenía ganas de decirle que ella llegó a donde llegó por ser una PUTA con el subgerente y unos cuantos más, pero ufff, guardé silencio en lo que ella continuaba.*

—Así que no voy a aceptar que la señora me mande o me diga que hacer.

—A ver señorita, no le estoy pidiendo su permiso, es una orden y así será.

—*Aquí la cosa se puso de telenovela.*

—Jamás voy a hacerle caso a esta vieja estúpida, para mi es una PUTA, es una maldita PUTA.

—*Ahora se refiere a mi viéndome de frente, pensé que me golpearía, por Dios, ¡que escena!*

—¡Seguridad!, acompañe a la señora a la puerta y usted Liz, pídale a la contadora que le prepare su liquidación de inmediato a esta señora malhablada.

—*Y ella seguía gritando.*

—Eres una maldita PUTA, tú no te mereces nada maldita, no le voy a hacer caso a una mujer jamás.

—*Llegaron los de seguridad y otro papelón.*

—Suéltenme malditos.

—*Cuando en realidad nadie la tocaba.*

—Los acusaré por intento de violación, ¡y tu maldita PUTA!, ¡no te saldrás con la tuya!

—*Ufffff, ya que se llevaron a esta señora, Don Remigio tomó la palabra nuevamente.*

—No pensé que esto iba a pasar, pero en fin, prosigamos, espero el apoyo de todos para Liz.

—*Todos los hombres de inmediato pasaron a saludarme como diciéndome, "felicidades jefa", o "quiero un aumento", pero curiosamente, de mis compañeras nadie paso a felicitarme, solo la señora de la copiadora, ¡que frustrante!, esperaba que mi género me apoyara más, al fin y al cabo ¿somos mujeres no?, al terminar, me hace llamar Don Remigio y me da la oficina del ex socio, una oficina en verdad elegante, ¡me encanta!, se me podría hasta olvidar el papelón que pasé y las chicas que no me felicitaron, ¡me lo merezco! En eso Don Remigio me dice.*

—Quiero que primero que nada se tome una semana de vacaciones, y en casa diseñe el nuevo método para poner a la compañía en orden; en este lapso yo me encargaré de esta señora intransigente, seguro nos demandará, pero en conciliación y arbitraje todos son hombres así que no tendremos más problema, y si nos lleva a juicio, hay un abogado, el Lic. Arturo Lombardo que es un gran amigo mío y gran amigo del juez en turno, él nos ayudará.

—Perdón..., ¿usted conoce a Arturo Lombardo?

—¡Claro!, ¿usted también?

—Pues sí, es esposo de una amiga.

—Que pequeño es el mundo ¿no cree?, supongo que el daría muy buenas referencias de usted.

—*Si supiera que hace unos días no me recomendaría, y de PUTA no me bajaría, pero que hoy hablaría cosas lindas de mi (seguro que no me lo creería).*

—No podría decirle más, pero él y mi hermano fundaron un club de hombres en el cual nunca me admitieron, esto es como un secreto de estado, pero los grandes se juntan ahí a aprender un poco de filosofía acompañado desde el mejor coñac, hasta un buen par de cervezas, pero no la aburriré con ese tema sin importancia, adelante a su casa por favor y tráigame un buen plan.

TAL VEZ DIOS ME QUIERE DECIR ALGO

—Qué curioso, el hermano de Don Remigio está en el club de PATANES ANÓNIMOS y ni siquiera sabe que Arturo Lombardo está preso, bueno si las juntas son el jueves, supongo que se enterará en unos días o su hermano le platicará, si supiera todo lo que se ahora, se asustaría, tal vez no me hubiera dado el puesto, así que me mantendré discreta, iré a casa a meditar. Esto aumenta más mi curiosidad, yo creo que Arturo con los favores que ahora obtiene de mí, me dará mayor información. Creo que en estos 6 días que siguen, podría ir a verlo una vez más, es curioso, siento gran compasión por él, mmm, noooo, jajajaja ¡que tonta!, llegue a pensar que me gusta un poco jajajaja, ¡estoy loca me queda claro!, es que con tantas emociones, ¡ya pienso cada locura que bueno!, ¿pero si me gustara?, no podría hacer nada, no soy una PUTA para andar bajándole el marido a mi mejor amiga. ¡Ay por Dios!, que bueno que me vine en taxi y me iré igual ya que me queda claro que si manejo, hoy choco segurísimo.

Taxiiiiii, taxiiiiiiiii, ¡hay pero que bruta!, parece vieja, ¡oiga, por poco choca!, y mi sorpresa es que creo que me estoy volviendo vidente porque aunque no puedo ver al chofer por culpa de una cortina, me di cuenta que en verdad era una vieja, ¡no deberían dejar manejar a mujeres por Dios!, ¡a ver si no me mata!, pero llegué con vida, inclusive pienso que maneja como hombre porque después de juzgarla, creo que lo hace muy bien, ¡ay por Dios!, ¡yo y mis juicios!, ¿que me pasa?

VISITA NUEVAMENTE AL RECLUSORIO

Que molesto es entrar a la revisión, que toscas son las mujeres de seguridad en verdad, cuando veo que a los hombres con su mismo género son más delicados, ellos si saben cuidarse entre sí, yo creo que también han de tener un club. Sin embargo, estuve a un minuto de darle un golpe a esta vieja que me trató como a sus calzones, ¡pinche PUTA quería gritarle!, pero esto lo sabrá mi amigo algún día y ojalá que la despidan como a mi supervisora.

Ya adentro los hombres son muy amables y me llevan al paraíso, ahora aguardo impacientemente a Arturo, quiero charlar con él.

—Señorita, el señor Arturo se encuentra comiendo, podría yo interrumpirlo si eso desea, pero solo tardará 20 minutos.

—Lo espero, no lo interrumpa, está bien.

En ese momento recibo unos mensajes, que casualidad, es Consuelo; me está mandando memes y videos, bueno, cuando menos me llegó algo para entretenerme, veamos, ¡wow!, ¿qué es esto?, ¿es Arturo tomando una copa?, ¿con una vieja?, bueno, no veo nada malo, ¡más bien si!, uffff, ahora se corta el video y ¿qué?, esto es porno o más que porno, está muy bizarro, le marcaré a Consuelo.

Hola amiga, ¿qué pasó?, ¿porque me mandas esto?

—Ay amiga, decidí hablar a PATANES ANÓNIMOS para decirles que mi marido me confesó su lealtad a su asociación, y les mandé fotos de su manual y hasta el video que le robe del cel., y ellos me dijeron que eso fue una traición y que él tendría que pagar caro, y parece ser, que cada uno de ellos deja un video como una muestra de lealtad por si fallan, inmediatamente ellos sacan el video a la luz, y ¡aquí lo tienes!, estoy destrozada y te lo juro por mis hijos que jamás lo quiero volver a ver, ¡jamás!, ¡que se refunda en el reclusorio!

—¡Amiga tranquila!, el que busca encuentra ¿no crees?

—¿Y por qué no pueden ser las reglas diferentes?

—¿Cómo?

—Sí, porque el que busca…, ¡no encuentra!, si eso es una regla, entonces todos son iguales ¿no?

—Amiga, ahí Arturo se ve más joven, ¡eso ya pasó!

—O sea, ¿también lo defiendes?

—*¿Sí solo supiera que lo vine a ver?*

Ok amiga, pero…, ¿y su matrimonio?

—¡Quien tiene un matrimonio lo protege!, se vuelve cuidadoso, como cuando cuidas a una flor, se le riega, se le atiende, lo mismo en el matrimonio, uno da todo, porque un matrimonio es un compromiso que tu quisiste asumir.

— Pues si amiga, no sé qué pensar, si en verdad un matrimonio es un compromiso, o es como adquirir una mascota, o una persona que te hace solo el quehacer, esa es una explicación que quise saber acerca del sentimiento de mi exmarido hacia mí, ¡ay amiga!, te lo juro que no sé qué decirte.

—Ni yo, en cuanto te desocupes ven a verme, pero te digo algo, ya lo juré por mis hijos y por mi madre, ¡jamás regresaré!, ¡tú me conoces amiga!, ¡jamás!

—Colgó..., ¡por Dios! como me duele esto, me recuerda a mi Mamá y a mi Papá, a mí misma y...,

—¡Hola Liz!, ¿qué sabes de mi amor?, ¿vienes a darme buenas noticias?,

—Ufff ¿qué hago?

Mmm, bueno, no he visto a Consuelo, está en terapias por este gran dolor, así que me dijo que hasta mañana podría verla, pero en realidad vengo porque necesito de tu sabio consejo, es que me acaban de ascender, ¿no es maravilloso?

—Si

—(Me lo dice con un tono de tristeza), oye gracias por tu aliento.

—No me malentiendas, esperaba saber de Consuelo.

—Te prometo que sabrás y te diré toda la verdad de lo que me diga.

—Eres una gran amiga, confió en ti y confía en que la amo y ya cambié, desde hoy mismo, es más..., desde ese día.

—En realidad esperaba que me dijeras, voy a cambiar, y no que ya habías cambiado.

—¡Es que es de verdad!, Cuando no quieres cambiar, solo prometes lo que la persona quiere oír, pero al final no lo harás, como te lo dije la vez pasada, nadie va a cambiar, solo cambia el que en realidad lo quiere hacer porque ya aprendió que lo que hacía, causaba daño directo, y a el mismo le afectaba en su vida normal, y yo estoy muy arrepentido.

—Oye y saliendo, ¿en verdad cambiarás?, porque en libertad ¿la cosa es diferente no crees?

—Mira, ya cambié y te diré la verdad..., tenía una amante, y con el teléfono que me diste, me atreví a hablarle para decirle, adiós, y que no quería saber más de ella.

—Oye, ¿si sabía ella que eres un hombre casado?, ¿cómo se atreve?, yo creo que ella es la culpable de esto, hiciste bien, pero antes de cambiar de tema, ya que me estas instruyendo para que sea una patana anónima, cuéntame la otra parte...

—¿La otra parte?

—Sí, siempre he querido saber, ¿por qué hay PUTAS que te quitan a tu hombre?

—Bueno, esto es complicado, pero sé que si te digo la verdad me ayudarás, esto es completamente secreto, pero lo hare, ¿lista?

—¡Lista!

—Agárrate de tu silla lo mejor que puedas, en realidad muchas de las mujeres que están con hombres casados, ¡no todas!, si, como lo oyes, no todas son culpables o malas.

—¡Ay no!, ¡eso sí que no lo creo!, si estas con un hombre casado es porque ¡eres una PUTA!

—Sí y no.

—¿Que me quieres decir?, ¿que es como una dicotomía?

—¡Exacto!, ¡lo es!

—A ver explícame mejor.

—Mira, a muchas mujeres, nosotros las engañamos con una vieja historia de que en mi casa mi esposa es una PUTA, les vendemos la idea que somos lastimados, y ellas empiezan a creer esta mentira, y después se vuelven defensoras de uno mismo, y al final, caen en la trampa.

—¿Cómo?

—Muy simple, enseñándoles que somos mejores que su maridos o exmaridos, que somos tiernos, bellos, amorosos y que nuestra idea de pareja es más hermosa que lo que ella puede soñar, y que somos desperdiciados por nuestras esposas.

-O sea, ¿nos ilusionan con la idea de tener esa vida que siempre soñamos si logramos salvarlos?

—¡Exacto!, y caes, ¿me entiendes?

—Sí, supongo que sí.

—Ahora, tú te enteras de que tu esposo tiene una amante y te la comes viva, eres una PUTA maldita, le haces llamadas, la mandas golpear, la exhibes en las redes ¿no es así?

—Bueno, nunca lo hice, pero moría de ganas de hacerlo, pero de que sirve, ni así se arrepienten.

—Pues no, ella está segura de que lo que hace lo hace por amor, que es auténtico, y soporta todo eso.

—¿Y eso que moraleja tiene?

—Que cuando menos podrías enterarte si esa mujer es tu enemiga, o una mujer que fue engañada, porque si fue engañada, es auténtica ¿me entiendes?, inclusive a veces ni siquiera sabe que él es casado.

—A ver si entendí..., yo me enojo con la chica, pero al final no es una agresora propiamente dicho, ¿eso quieres decir?

—¡Exacto!, obvio, no todas, y soy enfático, ¡no todas!, pero cuando menos podrías enterarte antes de decirle PUTA ¿no crees?

—Ay Arturo, nunca pensé que la amante de mi marido fuera autentica como dices.

—Pues sí, piénsalo de esta forma..., ¿tu marido se quedó con ella?

—No, al final la cambió por otra.

—¡Exacto!, y el juego empieza otra vez, ¿fácil no?

—¡Perverso diría yo!

—Ok sí, pero es un juego, al fin y al cabo.

—Oye, ¿podrías despejarme de una duda con tu gran sapiencia?

—Si dime, hare mi mejor esfuerzo.

—¿Qué diablos ganan con andar con tanta vieja?

—Ufff te explicaré, nos emociona poder traspasar tu falda, es como un reto, y entre más fácil se nos hace o lo logramos, entonces ya no podemos parar.

—O sea, te gusta convencer chicas para acostarte con ellas, y conforme te das cuenta de tu habilidad, ¿lo vuelves a intentar?

—Si así es, el problema es que no pensamos a veces que es malo, pero si acepto que sabemos que no deberíamos hacerlo.

—¿Y si fuera al revés?, ¿que ella tuviera un amante?

—¡A no!, ¡eso sí que no! jajajaja.

—A ver PATÁN ANÓNIMO, explícamelo.

—No, porque es mi esposa, y la palabra lo dice todo, ¡es mía!

—¿Y eso que?, tú tomas lo que no es tuyo.

—Sí, pero no creo que sea malo, malo es que tomen lo que es mío.

—*Me levanté muy enojada.*

¡Eso es una mierda Arturo!, ¡que estúpido eres!

—Hey espera, querías saber cómo pensamos ¿no?, obvio represento mi papel para que lo entiendas bien.

ANALOGÍA

—Y ahora estúpido, ¿qué piensas con lo que te pasa?, ¡anda dímelo!

—Lo siento, no quería hacerte enojar, en verdad lo siento.

—¡Dime que piensas Arturo!, ¡eso quiero saber!

—Los hombres jugamos el juego por ambición, por poder, por ego, y se nos hace vicio, de tal suerte que somos capaces de arriesgar nuestro matrimonio pensando que tal vez podría no pasar nada malo, y cuando esta todo perdido recapacitamos.

—¡Pero que estúpidos!, ¡tan fácil que es parar!

—Perdón que te cambie de tema Liz…, ¿sigues fumando?

—Sí y me urge un cigarro o ¡mil!

—Pues es parecido a eso, tú sabes que puedes contraer cáncer, y no pararás porque tienes la esperanza que no te de cáncer, pero…, te puede dar ¿no crees?, así pensamos o más bien sentimos nosotros.

—Ay Arturo ¡por Dios!, ¡son cosas diferentes!

—Sí, pero se parecen, y te diré algo, no es una disculpa, es como pensamos, y sin ser un gran creyente, Dios siempre dice por adelantado las cosas, pero será en otra ocasión que te platique eso, me duele el corazón por no ver a Consuelo y por haberte echo enojar, y me desespero porque esto ya acabé pronto, perdóname, porque al final, es tanta mi necesidad de ser abrazado, que sería capaz de abrazarte y besarte y no lo pienso hacer, sé que soy estúpido, pero ¡ve!, me tienta este maldito ego, adiós Liz, perdóname por haberte hecho enojar.

ME VOY A PLATICAR CON MI ALMOHADA

—*Voy rumbo a mi casa, tengo unos días y los aprovecharé, hay tanto que hacer que no sé por dónde empezar, tomo una cena ligera, tengo que estar muy buena para mi nuevo galán jajajaja, ya que no nos aceptan gordas, me veo en el espejo y digo, ¡si soy bella!, hasta Arturo me veía con ojos raros, y con todo y que me hizo enojar, casi se me declara, ¿yo besándome con el marido de mi mejor amiga?, jajajaja, mejor iré a la cama, me aviento y me estiro toda y uffff, boca abajo los senos estorban, en fin, que curioso, Arturo no parece tan malo aunque me haya hecho enojar hoy, en verdad es lindo, que lástima que el sabiendo como cuidar su matrimonio, lo dejara todo por andar jugando a su vicio de mujeres, ¡malditas mujeres!, y que descaro hacer un club de patanes, y mira que nombre más cómodo, PATANES ANÓNIMOS, ¡Arturo que tonto eres!, pero acepto que me gustó que me dijera que le daban ganas de besarme, lo curioso es que..., ¡ay por Dios!, tengo tantas ideas que no sé cómo comenzar, por ejemplo: Consuelo tuvo un novio con el que duro muchísimo, era guapo, lindo, pero me decía que no le daba emociones, y Arturo sí, que él era de carácter fuerte y que le gustaba más que la agarrara duro a diferencia de su exnovio que era como una dama, jajajaja, ¿pues quien la entiende?, también recuerdo que me dijo unas dos veces que Arturo la engañó con su prima, mmm, bueno desde un punto de vista siempre supo quién era, (¿serán las señales de*

las que me dijo Arturo que me platicará después?) porque antes
de casarse, el la abofeteo en un arranque de enojo, pero ella lo
perdonó, porque él le dijo que fue por su bien, algo así como,
¿gracias por golpearme?, ¿qué raras somos no?, ¡es que si!, desde
novios, Consuelo nunca pudo verlo los jueves, ya lo recuerdo,
porque un día lo perseguimos pero, lástima que se salió antes
de la avenida y no lo pudimos alcanzar, tal vez si lo hubiéramos
descubierto, no hubiera pasado esto, aunque pensándolo bien,
tal vez sí, pero que necedad de Consuelo de esperar hasta el
último momento..., Arturo, Arturo, eres tan, tan, uffff.

RARA SENSACIÓN

Es raro, ¿porque pienso en el?, ¿me estaré volviendo loca?, supongo que me da lástima, o más bien, me dice todo lo que deseo escuchar o que quise escuchar de mi ex y...., ¡en fin!, pues pobre, ahora encerrado, si estuvieran en igualdad de condiciones, ¿sería mejor no?, bueno, ¿pero si estuvieran en igualdad?, mmm, en realidad lo estuvieron, y el nunca cambió, más bien, lo incrementó, ¡en fin!, hoy quiero ponerme bella, más sexy, creo que conforme aprendo de PATANES ANÓNIMOS me siento más libre, me baño, uso mi mejor maquillaje, mi mejor perfume, me pongo una blusa blanca que me parece muy sexy por lo transparente pero usare un chaleco que lo disimulará, no vayan a pensar que soy una PUTA, mi falda se me ve bien, creo que tengo buenas piernas, así que, ¿por qué no lucirlas?, bueno, ¿estoy loca o qué?, ¡voy a un reclusorio!, ¡me tocarán las viejas!, bueno, no me gustan las mujeres así que no sentiré nada raro, o, mejor me voy en pantalones, mmm, ¡no!, ¡arriba mi libertad!, emprendo camino y noto como el señor que cuida los autos, no puede dejar de mirarme, en verdad me veo hermosa, salgo a mi auto y los chiflidos son algo que hacía mucho no oía, bueno..., no para mí, me siento feliz, tengo una rara sensación que hoy será un día magnífico, pero antes marco a mi trabajo, y la señorita me deja esperando media hora, ¿qué le pasa?, ¡soy la supervisora!, ¡la correré!, mejor pondré al chico del restaurante que es muy amable y lindo, y quitaré a esa PUTA de ese lugar, y que conste que ella empezó, ahora marco al directo de Don Remigio. ¿Hola?, ¿Don Remigio?

—Liz, ¿cómo estás?, ¿ya tienes tu plan de trabajo?

—Bueno, usted me dijo que podría aprovechar estos días y decidí descansar, ya que me viene mucho trabajo.

—Y sí que le viene mucho señorita, hay mucha gente que quitar.

—Así es Don Remigio, ya eso lo tengo previsto, le di una lista hablada de la gente que deseo despedir y me dijo.

—¡Caray!, será una compañía de hombres, por favor, ¡déjenos algo!

—Ok Don Remigio lo intentaré, solo deseaba saber si hay algo en lo que considere que deba ayudar hoy.

—No Liz, en nada, solo venga como un toro a poner orden con esos cuernos que le caracterizan a tan hermoso animal.

—No sé si me dijo animal, o se enteró que mi ex me veía la cara hasta con la señora de la tienda, pero bueno, hoy será un buen día.

DÍA DE APRENDIZAJE NIVEL DIOS

—*"Piensa en algo bonito, piensa en algo bonito", así repetía cuando la vieja policía me manosea para revisarme a mi entrada, ¡qué horror!, pero esto cambia más adelante, en especial por que los hombres me tratan diferente, como más amables, como que…., wow, ya sé por qué, pero no es mi culpa, soy bella.*

—Como siempre, es un placer saludarla señorita Liz, ya viene Arturo en camino, estuvo castigado unas horas.

—¿Que hizo?

—Peleaba que la celda era solo suya, porque se encontró a otros reos que ocuparon su lugar, pero ya pasó, aquí esta, ¡mire!

—Hola Arturo, quería primero que nada disculparme por ayer, fui muy grosera contigo, en verdad estoy muy apenada.

—Que bella eres, pero, no te disculpes, me lo gané, yo siendo un PATÁN ANÓNIMO, ¿y ahora me pregunto?, ¿por qué tu ex te dejo, tan bella y amable?, ¿podría darte un abrazo?

—Si claro, con gusto.

Noté como su cabeza la recargó en mi hombro como sintiendo paz, pero su pecho lo pego en el mío y fue raro, aunque hacía tiempo que no me abrazaban así, es reconfortante pero…

Ok ok ok, mejor de lejitos o Consuelo me matará.

—¿Que sabes de ella?

—Justamente iré a verla saliendo de aquí Arturo, y te quiero agradecer porque he aprendido mucho de ti en estos días, en verdad me ha servido mucho, sentémonos y platiquemos.

Me di cuenta de que de reojo quería ver algo más, aunque de una manera inocente, hasta me parece inofensivo, es raro, pero siento que lo estimo y todavía siento su abrazo, yo creo que por ser tierno es que convence a las mujeres.

—¿Por dónde quieres que empecemos?

—¿Quiero saber que piensas ahora que ella toma sus decisiones?, ¿me ayudas?, obvio, no busco lastimarte, y te prometo que te ayudaré.

—Gracias Liz, eres un amor, y muy bella.

—Por fin, ¿soy amor o bella?

—Las dos, eres las dos.

—*Que curioso, en mi mejor momento, así me decía mi ex, ¿será que también viene en el manual de PATANES ANÓNIMOS?, me sonrío y me dice.*

—¿Pasa algo?, ¿te acordaste de alguna maldad?

—Yo nunca hago maldades Arturo.

—Pues deberías, eres increíblemente bella, siento mucho que yo pensara que eras mi enemiga.

—Oye, ¿alguna vez te expresaste de mi como una PUTA?

—Si lo hice y me arrepiento tanto.

—A ok, aquí aplica eso que dices que hasta que no pasa algo, ¿lo siguen haciendo no?

—¡Exacto!, pero eso te lo explicare después, hablemos de tu pregunta, ¿que pienso?, mira, lo primero es frustración, porque los hombres nos asustamos de que las mujeres piensen que pueden todo; que quede claro que es ego masculino decir que ustedes consideran que pueden todo, ya que es una forma de decir que solo lo creen, pero no lo son.

—¿Porque no quieren que creamos que podemos todo?

—Pues, porque al final, sabemos que siempre pudieron lograrlo, pero nosotros nunca dejaríamos que se dieran cuenta.

—¿Cómo?

—Sí, siempre supimos que podrían superarnos y lo peor es que sabíamos que hasta no necesitarían de nosotros, pero nos daba miedo que nos pudieran dejar, es más, en nuestro momento más humilde, creemos que ustedes son pobres por nuestra culpa, porque sabemos que capacidad tienen, que pueden hacer todo o mejor que nosotros, solo que las amedrentamos siendo agresivos y como Dios nos dio músculos diseñados para cargar o golpear, de ahí nos agarramos para demostrar que ustedes no pueden amenazándolas, levantándoles la mano, les hacemos creer que jamás podrán, que su vida sin nosotros será horrible, que su capacidad es tan menor que se quedarán en el intento, inclusive logramos hacerlas aceptar en recibir golpes para no perdernos (insisto, no todos los hombres, más bien los patanes), pero, cuando nos damos cuenta que eso está acabando, o que ya se dieron cuenta quienes son ustedes y su capacidad, es el momento en que nosotros contra atacamos.

—¿Qué?, ¿que significa que contraatacan?, ¿a quienes?

—¡A ustedes obvio!

—¡A ver!, explícame eso...

—Cuando nos damos cuenta de que empiezan a tomar fuerza o conciencia, o sucede su primer despertar; cuando empiezan a tomar decisiones sin importar nuestro consejo o aprobación, contraatacamos, por ejemplo, empezamos por la autoestima, yo lo llamaré, diezmar al enemigo.

—¿Qué quieres decir?

—Diezmar al enemigo, es darle por donde más le duele, poco a poco pero constante, empezamos a usar cosas como juicios, ejemplo, que gorda estas, que fea te has puesto o que vieja, como si fuera una obligación ponerse bella si no, eres crucificada.

—¡Oye!, ¡eso no se vale!, porque ustedes se atreven a decirnos que somos feas o gordas, al final no son una autoridad para decirlo, ¿o sí?, y más con esa pancita que les cuelga.

—Tienes razón en eso, pero, entre hombres no hay críticas, no nos criticamos si somos gordos o flacos, si acaso bromeamos con eso, y ustedes si lo hacen porque les afecta.

—A ver a ver a ver, yo a Consuelo nunca le he dicho que es bajita o flaca o algo así, aunque acepto que se ve más flaca que nunca.

—Ok, suena bien, pero me lo estás diciendo a mí, como ves, ya estas criticando a una mujer, y te podría seguir el juego de que aparte su busto se cayó, y que el cabello se le dañó con la pintura, y al final, después de nuestra plática, te voy a arraigar tanto la idea que la veras más bajita o flaca de lo que te imaginas.

—¿Es como darle armas al enemigo?

—Si, y aparte distrajiste tu atención de lo panzón que estoy, jajajaja, ¿entiendes?

—¡Wow!, al final siempre perdemos por distraer nuestra atención a criticar a mi género o a nosotras mismas.

Ahora me queda claro, a ver si entendí bien; para la mujer es una obligación ser bella bien portada etc, ¿si no serás crucificada?

—¡Exacto!, esa idea nosotros se las implantamos a ustedes, claro que no es ni una obligación ni mucho menos, y ustedes siguieron con este juego, o sea nosotros empezamos y ustedes terminan y lo expanden, ¿lo entiendes?, pero creo que nos salimos del tema, así que proseguiré con lo acordado. Al final nos asusta por que inclusive el decirles o descalificarles como feas o gordas, ya las tiene sin cuidado, entonces al ver que eso no les afecta, contra atacamos con algo que les pegara hasta el alma, las calificamos con juicios más fuertes como el adjetivo PUTA.

¿QUE ES PUTA PARA UN HOMBRE?

—La palabra PUTA, la usamos por muchas razones, pero todas tiene que ver con dominarlas, y sabemos que, al decirla, morirán de terror y no tendrán a donde correr.

—¿Cómo?, ¿a dónde correr?, ¿me podrías explicar mejor?

—Si, cuando todos los juicios y adjetivos no hacen efecto para doblegarlas como gorda, flaca, vieja, fea, o uno que otro jalón de cabellos, entonces, usamos una palabra satanizada y usada por ustedes mismas, la palabra o adjetivo PUTA, ¡una palabra que las congelará definitivamente!, y antes de continuar te invito a que pienses algo Liz, si un hombre está en sus cinco sentidos y despreciara a las PUTAS como él les dice, ¿porque está casado con una?

—Oye sí, siempre quise saber por qué hay hombres que creen que su esposa es una PUTA y siguen con ella.

—Lo imaginé, sorpréndete por que en verdad no creemos que lo sean.

—¿Que?

—Sí, como lo oyes, pero si, actuamos un poco para que se vea más real al decirles esa palabra, y ustedes inmediatamente defenderán su honor, integridad y buenos modales, podría enumerarte una lista amplia de lo que querrán proteger, y aquí es donde no tienen para donde correr.

—¿Por?

—Porque si dices...., ¡sí!, soy PUTA, ¿y qué?, entonces atacare diciéndote convencido y reprochando..., ¿ya ves?, ¡lo eres!, ¡lo aceptas!, ¡por Dios santo!, ¡que desfachatez!, y ya traspasé tu guardia, y por si fuera poco, te amenazaré que tus papás y hermanos deberían saberlo, o tus propios hijos, claro que no optarás por la opción uno, porque ya te quedó muy difícil, estoy seguro de que usarás la opción dos, la de defenderte, no soy PUTA, y seguro dirás, ¡alguien que me odia te dijo esa mentira sobre mí!, o..., ¿cómo es posible que el crea eso?, ¿cuándo le he demostrado algo así?, he tenido oportunidades, y mucho mejores que él, y por amor así como por mi integridad no lo hice, todo fue en vano, porque después de mi sacrificio, ni eso le alcanzó para darte cuenta la mujer que soy y me llama PUTA, y aquí viene lo más interesante, llorarás, te sentirás traicionada hasta por tu familia, seguro pensarás que alguna prima se quiere quedar con tu marido y por eso habló mal de ti, y aquí ya perdiste, al aceptar una idea que yo inventé, intentarás recordar en qué momento te comportaste mal, y el problema da un giro de 360 grados a favor del hombre, el cual, aunque es lo suficientemente cuerdo para no estar con una PUTA como él te dice, te hará el favor de aceptarte así con tu defecto por amor, ¿lo ves?

—Oye sí, ahora yo pienso..., que lindo que me aguante así, aun sabiendo que no lo soy, más bien, ahora hasta creo que lo soy, ¡oye!, ¡déjame continuar esta exposición!, imagina que estoy yo explicándote a ti Arturo, ¿te parece?, y me dices si voy bien, ¿ok?

—Vamos, continua con mi exposición Liz...

—Al final del día, empezare a cambiar mi modo de vestir, de salir, de hablar, de relacionarme etc, para que no pienses que soy una PUTA, inclusive, hare cosas que me degraden para que mi marido que es una autoridad (sarcasmo) se convenza de que no lo soy.

—¡Así es Liz!, y por si eso fuera poco, te amenazaré que me voy a ir, y tu pensarás que, si me voy, no habrá nadie que te ame como PUTA, solo querrán usar tu cuerpo y será mejor que te quedes conmigo.

—¡Ay!, déjame seguir por que ya voy comprendiendo.

—Continúa Liz.

—Entonces me quedo contigo, pero como soy una mujer despreciable, hasta dejaré que me maltrates; porque si lo haces me educas o más bien, si yo acepto, tal vez sea bueno para que se te quite la idea que soy PUTA, o sea, me vuelvo sumisa.

—¡Caray!, aprendes rápido Liz, podrías estar en el club de PATANES ANÓNIMOS ¿no crees?

—Arturo, estoy anonadada, pero, al final, ¿que es PUTA para ustedes?

—PUTA, es una mujer que se acuesta con alguien que no es su pareja, (esa sería la definición).

—Entonces, ¿los hombres son putos, no?

—No, porque así decidimos definir nosotros a los bisexuales o gays como se les dice comúnmente, (no le dimos a propósito otra definición), y eliminamos el adjetivo de puto para alguien que se acuesta con una persona que no es su pareja, nosotros la intercambiamos por cabrón, y eso suena muy bien ¿no crees?

—¿Porque sonaría bien?

—Porque cabrón, el significado que le pusimos es de ser valiente, inteligente, astuto, un hombre con dos mujeres cabrón, una mujer con 2 hombres PUTA, un hombre libre es cabrón, una mujer libre es PUTA, un hombre con los testículos de fuera del pantalón es cabrón, o si acaso loco, una mujer con escote o pantalón pegado PUTA, ¿me entiendes?, le dimos vuelta al asunto.

—¡Por Dios!, ¡qué asco me das o, qué asco me dan!

—¿Te da asco algo que tu misma propicias en tu casa?

—¿Yo?

—Consuelo me conto que tu papi era un cabrón, que tenía 3 familias, ¿es así?

—Así es, ¿eso que tiene que ver?

—Después me dijo que tu mami era sumisa, que sufrió con él, que él no le daba dinero pero que ella fue una buena mujer porque aguantaba la situación, ¿me equivoco?

—No, pero ¿no sé a dónde vas con todo eso?

—¡A eso precisamente!, al final, que piensas de tu Papá.

—¡Pues eso...!, que era un cabrón y mantenía a tres familias, mientras mi mami sufría.

—¿Y por qué no intentaron separarlos?

—Porque no queríamos destruir a nuestra familia.

—¿A que costo?, a costo de que tu Mamá sufriera, ¿en lo que tu Papá andaba de cabrón?, no te parece que les falta un tornillo, o, ¿que el amor por su madre era muy poco?

—Mmm.

—¡Caray Liz!, tienes tanto que aprender, pero pongamos pausa a esto y dime…, si tu Mamá tuviera tres hombres y de cada uno tuviera un hijo, ¿que sería?

—¡Ay por Dios!, ¡una PUTA!

—¡Exacto!, pero tu Papá, ¿puto no verdad?

—Pues no lo sé ahora.

—Ok, ahora dime tu, si así fuera en ese supuesto, y tu Papá llorara todas las noches, ¿qué harían los hijos?

—¡Ay Arturo!, ya sé a dónde vas, obviamente reprenderíamos a mi Mamá, inclusive para que no lastime a mi Papá, la correríamos para vivir en familia con un..., ¿cabrón?, ¡Ay por Dios!, ¿qué tontos somos no?

—Sí, al final juegan el juego que él quiso jugar y toda vía viene lo peor.

—¿Que puede ser peor que esto?

—Pues, que él se convencerá que tiene la razón, que es inocente porque ya tiene varios jueces a su favor, ¿me entiendes?

—O sea, que peleamos algo que propiciamos, ¿es así?

—Sí, y como puedes ver, defendiste desequilibradamente una causa entre un hombre y una mujer, apostaste todo por el hombre sin chistar.

—Es obvio que somos machistas, ¿no crees?

—No, en realidad reaccionaron a un programa generado hace años por parte de nosotros, donde siempre ganaremos de todas todas.

—Entonces Arturo, podríamos decir que la palabra PUTA, ¿Es un switch para el dominio de las mujeres?

—Si, así es.

—Pues..., no creo que caigan todas y creo que ahí si les falló.

—No todas, pero nosotros confiamos que muchas si lo harán.

—Eso suena muy perverso, ¿no crees?

—Pero funciona, mira, no es perverso para nosotros, tan así, que nos referimos de nuestra propia madre o de la de nuestros amigos como PUTA, ¿recuerdas algo de eso?

—Sí, muchas groserías usando esa palabra en contra de alguna forma de la Mamá.

—¿Ya ves?, no nos es importante para nosotros esa palabra, pero para ustedes sí, y al ver el efecto que les causa, la usamos más seguido de forma consciente.

—Ok, paremos la exposición de hoy, así me dará oportunidad de verte de nuevo.

—Me parece bien, entonces necesito preguntarte, ¿qué le dirás a Consuelo?

—Le diré que hoy es la primera vez que te veo y que has cambiado mucho, *(ufff si supiera Consuelo).*

—Eres un gran amor Liz, ¿puedo darte otro abrazo?

—Si claro está bien.

Que hermoso abraza, hacia tanto que no me abrazaban así, nos despedimos, pero sentí su boca muy cerca de la mía, ¿debería abofetearlo?, pero se siente bien y entiendo lo que pasa, supongo fue un accidente. hasta luego Arturo.

—Hasta luego, y cuídate porque te ves tan bella que muchos querrán obtener tu teléfono, jajajaja.

—Supongo que sí.

Me despido de él y un guardia me acompaña con la histérica de la puerta, en verdad salir de ahí se siente muy bien, aunque volteo hacia atrás y quisiera tener el poder de sacarlo ya y que vea la realidad el mismo y no por medio de mí.

LAS NOCHES SON PARA PENSAR, CONFUNDIRSE O RECAPACITAR

Ya me da miedo llegar a mi cama, en estos cuatro días mi vida a dado un vuelco de 360 grados, primero, es un poder muy grande el que tengo al saber ya una gran parte del comportamiento masculino o más bien, de la manipulación de los patanes, pero me queda claro que no puedo generalizar, existen hombres grandiosos, sin embargo, creo que con lo que aprendí ya sabré escoger y decidir qué hacer con mi vida sentimental; el porque me tomaron por tonta mis exparejas. Podría hacer toda una revolución personal de mi forma de ser pero me tomarían como PUTA si sigo con esto que ahora sé, no acabo de entender, ¿o sí?, ¡no soy PUTA!, en realidad, "soy libre, no de género, más bien, soy libre de decisión".

Por otro lado, hablo con el patán más patán de todos, credencial número 2, cofundador y etc, y me gusta cómo me ve y me abraza, o sea me estoy volviendo loca o..., ¿PUTA?, ¡tranquila!, me digo, nada ha pasado, solo fue un abrazo que tal vez necesitaba , y al final, él también lo necesitaba, y fue, digámoslo así, una obra social, pero si me preguntara si me gustó, pues sí, ¡me gustó!, pero no podría decírselo a Consuelo, me mataría o me haría sentir como PUTA.

Luego, me dan un gran puesto y..., mis enemigas salen a la luz, y dije bien, ¡enemigas!, en lugar de apoyarme, y hacer un plan pro feminista, parece que cometí el pecado de ser mujer para ellas, ¿que no ven que soy su mejor aliada?, ¿qué está pasando con mi mundo?, es como si al ser hombre o mujer, fuéramos dos animales distintos, que curiosa analogía, somos animales distintos, pero si lo fuéramos, no podríamos usar ni las mismas medicinas ni enfermarnos de lo mismo, o..., ¿me hicieron creer que somos distintos?, ¿que tenemos de diferente?, los hombres son más grandes y más fuertes físicamente hablando, entonces si hubiera una revolución femenina, ¿tendríamos que dar golpes para ganar?, sin embargo, ellos si usaron golpes para enseñarnos por tantos siglos, que nosotras éramos inferiores, ¡pero somos más listas!, mmm, pero somos tan listas que no queremos que nos peguen y por conveniencia mejor cedemos, ¿será así la cosa?, ¿y si fuéramos iguales?, ¿quién cuidaría de los niños?, pero al final, nosotros los tenemos en nuestro vientre, obvio ellos no saben qué hacer con un bebé..., ¿y si saben y se hacen tontos? y nosotras por amor, preferimos dejar de trabajar para que nuestros hijos sobrevivan, pues sí, los ponen ligeramente en peligro y nosotras entramos en pánico, y por instinto de conservación preferimos la sumisión, bueno pero al final de cuentas es más trabajo que el que ellos desempeñan ¿no?, mmm, ¿y si le marco?, ¿se podrá?, quisiera que me despejara de esta duda.

LLAMADA NOCTURNA

—Ring ring, hola Liz, ¿dime que pasó?, ¿hablaste con ella?

—Esteeeemm, mira, me dijo que desayunáramos mañana, así que no comas ansias que mañana te lo juro, tendrás una respuesta, ¿te parece?

—Es que no sabes Liz, aquí las horas duran 5 horas cada una.

—Entiendo lo que sientes, pero esto ya va a acabar.

Tengo una duda, y a la vez te distraigo un poco.

—Acepto que últimamente me encanta hablar contigo.

—¿Ya ves?, ¿fue buena idea no?

—Si, en especial por que el reo de a lado, ya no está aquí y estoy solo, así que, ¿cómo te puedo ayudar?

—Oye, ¿dime algo?, al final, nosotras dimos hijos, y tenemos que cuidarlos porque los hombres son estúpidos para ese punto, luego renunciamos al trabajo para cuidar de nuestros pequeños y ahora dependemos económicamente de ustedes, mi pregunta es..., ¿en dónde está la manipulación?

—Creo que contestaste todas las preguntas, pero no aceptas haberlas contestado.

—Pues sí, pero necesito de tu ayuda experta.

—Ok, intentare hacerlo, y te diré algo, a veces no entiendo por qué te contesto tantas cosas, si al final, llego a pensar que no veré más a Consuelo, es como si yo hubiera muerto y me duele saber que no la veré más.

—Oye, ¡no seas tan drástico!

—Sí, te lo digo enserio, yo mismo a veces sueño que camino en los pasillos de esta cárcel, que hasta puedo ver a la gente en sus celdas, así como al personal administrativo, creo que estoy enloqueciendo, o me volví un psíquico, ¿tu cual crees?

—Yo creo que loco suena bien jajajaja, pero espero tu contestación que me hará dormir mejor.

—Ok, empecemos, mira, en cuanto a los hijos, los tienen por decisión de ambos, o por accidente, pero usemos la opción de decisión de ambos, ¿te parece bien?

—Sí, con esa tendré hoy.

—Bien, cuando tienen hijos que esperan ambos, por cuestiones de biología te quedas con tu bebé, porque le das leche materna, y dejémoslo hasta ahí.

—Mmm, ¿pero los hombres son tontos para cuidar bebés no?

—Sí y no, pero déjame continuar y sabrás por qué.

—Continua experto.

—Jajajaja, sonó a sarcasmo, algo que no le hubiera permitido a una mujer en mi mejor momento, pero hoy si jajajaja, porque en verdad es un placer escucharte, mira, en verdad es por biología, que ustedes se quedan un tiempo con él bebé, después están en posibilidades de trabajar y hacer una vida como cualquier ser humano.

—¿Y él bebé?, ¿quién lo cuida?

—Podrían cuidarlo ambos.

—Pero los hombres no saben Arturo, ¡por Dios!

—Ni las mujeres, los hombres alegamos que su programación o instinto les ayuda a saber que hacer, pero al final, los hombres también intuimos, ¿qué te quiero decir?.., que podría ser que te quedaras en casa con él bebé al principio por acuerdo de ambos, pero no porque eres más lista para cuidarlo, porque si aceptas que es por eso, estas cayendo en un chantaje en el cual podrías alegar que nadie nació sabiendo cuidar a un bebé, por ejemplo: si la idea es protegerlo, es obvio que el hombre es más fuerte, ¿podría defenderlo mejor no crees?, si es cuestión de cargarlo, los músculos masculinos podrían hacer un trabajo estupendo, pero mejor los hombres alegamos que no sabemos y ya, el instinto de conservación de las mujeres las hace quedarse a cuidar al bebé pero, también su programación de sociedad.

—Bueno, supongamos que decido cuidar a mi bebé por decisión propia, ni siquiera porque mi esposo me dijo, ¿qué sigue?

—Bueno, parece que tu trabajo es una tarea sencilla, pero todos sabemos que no es así; de hecho el nivel de trabajo es mucho mayor y más estresante cuidar un bebé y aparte renunciar a un trabajo que te daba seguridad económica; pero como nadie aceptará que tu trabajo es de un grado mayor a cualquier puesto en la mejor de las compañías, tendrás que hacerlo de forma sumisa y ahora tienes que cuidar al bebé, lavar y planchar, dar de cenar y coger sin ganas, jajajaja.

—Tienes razón Arturo, y cuidado no quieras, porque de seguro estabas de PUTA, o ya estabas servida, ¿es así?

—¡Exactamente¡

—Pero ¿por qué nosotras aceptamos eso?

—Muy fácil, para no ser tachadas de malas, y a eso aúnale que nosotros degradamos tu trabajo de tal forma que vale más mi esfuerzo porque gracias a eso, hoy comemos.

—¿Quieres decir que nosotras nos volvemos leales o sumisas porque nos dan de comer?

—Sí y además les hacemos creer que nos cansamos más que ustedes con nuestro trabajo, que gracias a nosotros están vivas, pero no es así. No estamos tan cansados o tal vez algo cansados, pero no más que ustedes, así que podríamos ayudar en casa.

—Pero si le das tu bebé al marido te contesta, ¡oye!, ¿que no ves que estoy cansado?

—Exacto, y aunque nosotros mismos reconocemos internamente que es un gran trabajo lo que hacen, buscamos un chantaje muy trillado, pero que hoy por hoy funciona…, ¡estoy muy agotado para traer el pan a la mesa!

—Y nosotras damos de cenar y todavía a trabajar en la cama.

—Si, porque como dijimos anteriormente, si no cumples, podríamos pensar que tal vez tengas a alguien.

—¿Todos piensan que tenemos a alguien más?, ¿que no pueden pensar que estamos cansadas?

—En realidad sí lo sabemos, pero es más cómodo hacerlas creer que podemos pensar que nos son infieles si no acceden y así poder desfogar nuestras frustraciones con una eyaculación.

—Esa eyaculación, ¿ya suena a un esperma envenenado no?

—Pues piénsalo, vengo cansado y hasta enojado, me convenzo de que hago más cosas que tú, que mis enemigos no me dejaban avanzar y aparte me descargo en ti en dos minutos, ¿qué pensarías?

—Que son frustraciones las que recibo en mi cuerpo.

—Si, así es, un hombre que te hace el amor, ¡te hace sentir bien!, el que se descarga en 2 minutos, solo saco su eyaculación sobre su esposa como escupir su tensión y alega que tiene eyaculaciones precoces por lo cansado que esta; así que no te hizo el amor, solo abrió el tapón de su olla exprés.

—Y nosotras aun frustradas, debemos ser comprensivas, ¿es así? ¡y hasta fingir un orgasmo!

—Si, porque si no es así, nuevamente pensare que, o eres frígida, o como tuviste relaciones con alguien antes, no pudiste tener tu orgasmo.

—¡Caray Arturo!, esto se complica más.

—No lo creo, yo creo que cada vez es más claro.

—Al final resulta que nos hacen creer que ustedes valen más por lo que traen que nosotras por lo que damos.

—Así es, ¡fin de la historia!, lo que hagas vale poco por que vale más mi dinero, y te diré algo, hay mucha diferencia en decir…, te doy tu gasto semanal a decir, te comparto mi esfuerzo y te ayudo con el tuyo.

—Si, realmente mucha diferencia.

—Obviamente, los niños apuestan más por Papá que por Mamá, porque la misma madre los programa a que es más importante lo que Papá hace, comparado con lo que Mamá desarrolla en el día; además, Mamá regaña. Por otro lado, Papá solo da besos, y al final, si Papá por estar cansado los rechaza, ellos aceptan este hecho o el poco tiempo que les dedica por la idea de que hizo mucho por la familia, así que como le busques, la programación se cumplió.

—Una pregunta diferente al tema, pero ya para dormir Arturo.

—Dime.

—Si yo mantuviera a mi marido y el trabajara en casa…, ¿es malo?

—Si es de común acuerdo, no es malo para ustedes, pero la sociedad le diría PUTO.

—¿Ya ves?, ¡si aplica!

—No, no aplica porque no hablamos de ser mujeriego, hablamos de que su sexualidad es dudosa.

—Ok, o sea que, aunque sea de común acuerdo, la sociedad machista nos juzgará.

—Así es, a la sociedad no les debería de importar ni a él ni a ti; por ejemplo, podrías ser una PUTA feliz y punto.

—Podría usar la palabra PUTA como libertad ¿y no como sexo?

—Sí, y no te estoy incitando a un libertinaje.

—¿Pero libertinaje es un juicio no?

—Si lo es, es como ser una PATANA ANÓNIMA, y eso es malo para los hombres y nos asusta, y también para la sociedad que dicta que tú debes de ser sumisa, este es un código de ética no escrito, pero está vigente; sin embargo, hoy ya eres libre hasta de eso.

—¡Arturo!, mira que hemos hablado mucho y ya es tarde, ¿no te regañan?

—Yo creo que no me castigarán, porque últimamente veo que nadie me dice nada, a veces pienso que gracias a tu amigo me tienen ya o más estima o más desprecio, fíjate, hablo en voz alta y ni los vecinos me han hecho un reclamo.

—Oye pues si qué raro, bueno…, buenas noches Arturo, mañana hablaré en el desayuno con Consuelo.

—Te lo ruego, habla con ella, ¡convéncela!

—Lo hare, pero cerremos esto con una analogía más.

—Dime Liz.

—Me dijiste muy seguro acerca de la sociedad.

—Si te lo dije seguro, porque así es.

—Pero ¿PUTA en realidad seria la definición de poder decidir?

—Si eso te parece, que eso sea, que eso signifique esa palabra, el poder de decidir, y ya le cambiaste la polaridad, y, por cierto…, decidir no es malo, malo es reprimirse ¡diga quien lo diga!

CONVOCO UN DESAYUNO CON CONSUELO

—*Hablando por teléfono con Consuelo le pregunto.*

Oye amiga, perdóname que te pregunte esto, pero…, ¿estás bien?

—Si, ¡hoy me siento de maravilla!

—Wow, ¿me gustaría saber por qué? y más después de lo acontecido, pero en una plática personal de mujer a mujer, ¿se puede?

—¡Claro!, ¿cuándo Liz?

—En una hora si gustas, amo ese restaurante pequeñito pero delicioso que esta por tu casa.

—Maravilloso, te veo por qué quiero que conozcas a la nueva Consuelo.

—Grandioso, te veo en una hora.

—*Después de mi imagen sexy me pregunto si así debería de ir vestida con mi amiga, ¿y si piensa que estoy de pu..?, perdón, creo que en lugar de ir de mujer libre debería de ir de mujer conservadora, o la de…, ¡caray!, ya hablo como mujer, en los hombres jamás he visto que se preocupen por eso, solo se visten y ya. Pues…, hagamos lo mismo, no pensaré, solo me vestiré de ahora en adelante como me sienta más cómoda.*

¡Pero que hambre tengo!, aquí espero afuera y a lo lejos veo a mi amiga, parece que va a una cita, ¿ya habrá conseguido novio?, pero ¿tan rápido?

¡Hola Consuelo!

—Hola Liz, ¡que gusto!, siéntate y permite que yo te invite a desayunar.

—No, ¿cómo crees?

—Insisto, ¡estoy feliz!

—Perdóname amiga por lo que te voy a preguntar pero, después del trago tan amargo…, ¿qué te hace estar tan contenta?

—Mira, fui a ver a una persona, como un psicólogo, pero espiritual, que habla cosas raras, no creo mucho en eso, pero dijo algo que me sonó coherente.

—Pues compártemelo porque hoy por hoy extraño a mi ex.

—¿Lo extrañas? o ¿lo piensas porque estás enojada?

—Mmm nunca me había preguntado eso.

—Es que eso mismo le dije a este señor, y esto me contestó, pon atención, me dijo.

"Consuelo, ¿extrañas a tu marido? o ¿lo piensas porque estas enojada?"

Le dije, lo extraño y estoy enojada pero lo extraño más, y me preguntó.

"¿Con todo y golpes?"

—Le contesté que tal vez sí, porque me siento muy mal, creo que destruí a mi familia, y el arremetió así.

"Mira Consuelo, en realidad no destruiste a tu familia, el la destruyó al jugársela de esta forma porque era un riesgo calculado, sin embargo; parece que tú lo hiciste porque tomaste la decisión de no volver a ser lastimada, pero te equivocas, el ejecutó una acción y lo tuyo solo fue una reacción".

Yo le dije, pero mis hijos me reclaman, Mamá perdona a mi Papá, y él me dijo.

"Bueno, te piden que perdones a Papá porque parece que no saben de los golpes o más bien ellos no los reciben y no saben lo que pasa, en realidad ellos aunque los ames y ahora aun siendo muy pequeños y muy sabios, no son una autoridad para saber cómo se lleva una relación porque no han tenido una, no puedes tomar tan a pecho esos consejos hermosos e inocentes porque no siempre aplican. Supongamos que ellos vieron la agresión, alguna vez le dijeron, Papá, ¿porque no te vas si no amas a mi Mamá?"

—No.

"Y no va a ser así, ellos apostarán en solo conservar una historia de una relación de cinco personas, o sea una familia al fin y al cabo, su instinto de conservación está en su mayor potencia, pero te duele y te chantajea ver esas caritas tristes, esto te lo digo en el entendido que me dices la verdad de lo que pasó, y que intentaste hablar miles de veces y en diferentes formas, tranquila, llorando, desnuda, con ropa, etc., entonces queda claro que el hombre no te amaba y eso te enoja".

Le dije, ¿qué?, por algo estaba conmigo, y él me dijo.

"Sí, porque tú a él le sirves, cuidas de sus hijos, mantenías la casa limpia y te conservabas adentro de ella, pero, no te amaba, ¿que no ves que quien ama no daña?, fíjate en esto, ¿quién en su sano juicio permitiría que su matrimonio se fuera al caño yendo a un club para aprender cómo dañar a su esposa? sabiendo lo que conlleva dañar a tu pareja, o más bien, ¿a lo que te arriesgas tratándola así?".

Le dije que tenía razón y le pregunté, ¿entonces por qué estuvo conmigo?, y me dijo.

"Porque te tiene segura, él está seguro que tú estás convencida (y digo convencida porque así te comportabas o eso mostraste) que no debes de irte de casa porque no tendrás lo que él logró, y por qué estas convencida que lo que él hace aunque no te guste, es justificado porque es hombre y los hombres son así, pero nadie cuerdo dejaría que su empresa se fuera por un hoyo, y si entendieran los hombres que la familia es como una empresa y se tomaran las cosas con la seriedad que esto implica, en lugar de echarlo a perder, tendrían en unos años una empresa muy exitosa.

Al final, quedaras aislada de toda la gente de tu entorno, inclusive de tu familia para dedicarte de lleno a ser Mamá (sinónimo de inferior para un patán), por que tú estas tomando muy enserio tu papel en la familia. Pero si bien te va, de premio te ganarás el festejo de día de las madres, pero seguirás siendo el ama de casa, y lo digo con los ojos de un patán, porque ama de casa en el cielo tiene un estatus muy muy alto. Si él valorara tu trabajo y calculara lo que te debe, te tendría que dar un gran sueldo".

—¿Que concluiste con esto amiga?

—¡Que Arturo siempre me vió inferior! Perdón…., cambiare mi sentencia, él siempre me hizo creer que él me veía inferior y yo caí en ese juego de aceptar que él era mi maestro y como agradecimiento por lo que me daba, yo debería aguantar. Mas aun, Arturo arremetió al repetirme que nunca podría tener nada seguro más que con él, a lo que este señor me dijo.

"Piénsalo Consuelo, en realidad nada era tuyo, te quitaba el auto como castigo, recuerda que no te lo regaló, te lo prestó, eso significa que…, ¡no era tuyo".

—¡Suena escalofriante amiga!

—¡Si mucho!, pero ahora sé que, aunque tenga menos, lo que genere con mi esfuerzo e inteligencia, todo será mío.

—Grandioso amiga, ¿pero eso también significa que ya no tendrás amores?

—Claro que sí, pero siendo yo, como Consuelo es, no lo que la gente o los galanes esperan que sea para ellos.

—¿Eso que significa?

—Que quien se enamore de mí, será conociéndome como soy, en resumen, se enamorara de Consuelo, ya no de la actriz que actuaba para tratar de ser lo que ellos buscan.

—¿Eso no es egoísta?

—No lo creo, por ejemplo, una flor, ¿te gusta por lo que es? o ¿te gusta solo si huele a lo que tú quieres?

—¡Obvio no!, solo me gusta la flor por lo que es, porque así la conocí, no pretendo que sea otra cosa.

—¿Ahora me entiendes?, la gente me amará por lo que soy y lo que puedo ofrecer, claro, sin propósito de dañar a nadie, o sea, sí sé que ciertas cosas mías dañan, no necesariamente diré, ¡ustedes así aguántenme! en el sentido de ser una persona dominante o grosera, por ejemplo: que me tengan que aguantar si estoy de malas y que nadie me hable, pero ya que se me pase les hago caso a todos y les contesto bien.

—¡Lección aprendida amiga!

—Así es, así que quien se enamore de mí, ¡será de quien soy en realidad!, ya no de su idea de quien debo ser, ¡eso me hace libre!

—Entonces, serás PUTA *(en tono de susurro)*

—¿Que?

—Nada, que supongo que a Arturo no le gustará.

—¡Uuy no!, el diría…, "¡que PUTA eres!", ¡mira esta blusa!, ¿le ves algo de malo?

—Mmm pues no, que no tiene mangas.

—Así es amiga, no tiene mangas, y ya me hubiera dicho, "¿cómo te atreves?, se te ve el pecho por los agujeros de las mangas" ¡por Dios que para todo aplicaba su manual de patán!

MALO O NO

Y al final voy por la calle y veo a mil mujeres con blusas parecidas.

—¿Y el que decía de ellas?

—Decía, *"ve a la bola de putas que vienen a pasearse para conseguir macho, tú no seas como ellas, se una mujer decente"*, como si el tuviera la última palabra de que es decencia; cuando él iba a un club indecente desde mi punto de vista donde enseñan a lastimar a un ser de forma planeada, también le pregunté a mi asesor espiritual, si yo fuera a un club, o anduviera con un amante, ¿que soy?, ¿PUTA o cabrona?, y me dijo.

"No estoy seguro de que sea tu naturaleza aliarte a un club que daña a gente, pero no eres PUTA o cabrona, eres una persona que ejerce el mismo derecho que cualquier hombre".

—Le pregunté…, ¿es malo?, y me contestó.

"Si ejerces el mismo derecho pues no, porque si el otro lo hace igual es porque…, ¡malo no es!, así que no aplicaría ese juicio, ¿no crees?".

—Suena muy drástico amiga, ¿o sea que te incita a hacerlo?, ¿algo así como a buscarte un chico?

—Más bien, hablaba que podría hacerlo y si así fuera, debería obtener el mismo juicio que se le hacía a él. Esto es…, ¡ninguno!, pero si me advirtió que hacer algo como revancha no era tan saludable, y que, si de plano deseaba estar con otro hombre, ¿porque no cerrar el ciclo de mi matrimonio antes?, que no era por juicio, era por simple orden; desde un punto de vista sería más sano, también le pregunté, ¿si mi marido en realidad me falló? y me dijo.

"Para tu juicio el falló, y digo para tu juicio por que al final, él no te hizo, tú lo dejaste más bien, ¡pero olvidemos eso!, ¡no necesitas fallar tú!, hazlo si eso deseas, eres libre de hacer lo que tu consideres correcto para ti, pero siempre cuida cerrar tus círculos antes de abrir otros, ese sería mi consejo".

—Creo que, desde ese punto de vista, no es malo amiga.

—Pues como él dice, "¿malo para quién?"

—Pero; ¿te sentirías bien siendo como él?

—No tengo que ser como el para ejercer mi derecho a ser, también le pregunté ¿si estamos condenadas a no tener una relación mínimo un año según la sociedad?

—¿Y por qué esa pregunta?

—Amiga, cuando Carmen se divorció, hasta nosotras nos la comimos viva, ¿recuerdas nuestras palabras?, ¿qué casualidad?, rapidísimo cambió de pareja, etc.

—Pues si supongo que sí, ¿entonces que harás de tu vida?

—A diferencia de lo que crea Arturo, no salgo con nadie, sé que tengo que tomar las riendas de mi vida; tendré pareja si es que llega, y esa pareja la tendré porque él quiere estar conmigo, pero también porque yo quiera estar con él. Ahora entiendo que las cosas que hicimos materiales no son todas de él, que yo hice un trabajo bien hecho y el también el suyo, así que seguro pelearé la parte de lo que me corresponda.

—¿No te tomaría por arribista?

—¿Piensas que lo que hice fue poco?

—Bueno no lo defiendo, pero él tenía dinero por su talento.

—Más talento tengo yo que puedo dar hijos, puedo dar vida y conservarlos vivos hasta el día de hoy.

—Pues sí, no lo había visto así.

NADA ES TUYO

Amiga, ¿qué harás en cuanto a Arturo?

—¡Aprendí algo más!, mira te explicaré, en realidad Arturo nunca fue mío.

—¡Oye!, ¿16 años y no fue tuyo?, ¡no te entiendo!

—Sí, nunca fue mío, siempre fue de muchas mujeres, de sus amigos de su club, pero mío nunca lo fue, es más, aun en nuestro mejor momento nunca seria mío, ahora entiendo que compartía mi vida con él y que en su momento lo amé mucho, hasta que empezó todo a cambiar. Pienso que, si falleciera, no podría yo detener su muerte, ni siquiera tú, por lo tanto, ¡no es mío! Que si se va con otra mujer, aunque mi ego piense mil tonterías como que ella es mejor que yo, se va por que quiere irse y no lo puedo impedir por una simple razón; porque es su decisión.

—Ahí difiero contigo amiga, porque puedes luchar por tu matrimonio.

—Mira luchas por que vale la pena, cuando hubo un malentendido, eso es válido. Luchas porque vivimos una enfermedad, o por que pierde el trabajo y hay que ayudar un poco más, pero ¿cómo luchas por alguien que no te ama?

—Pues así de fácil, pidiéndole una o la última oportunidad.

—¿Tú puedes convencer a alguien que te ame cuando no te ama?

—Pues sí, porque le haría una lista de todo lo que hicimos juntos.

—¿Aplicar un chantaje amiga para que te ame cuando él no quiere hacerlo?

—Oye, ¡eso tiene que valer!

—¿Para quién?

—¡Para mí!, ¡y para él debe de valer también!

—¿Ya estás pensando por el no crees?, porque crees que es tuyo y porque crees que lo que hiciste se te tiene que pagar con la misma moneda, pero cuando aprendes que no lo es, entonces eres libre de amarlo porque tú quieres. Aprendes a compartir porque así lo deseas; no por lo que te van a dar, ¿sabes que es lo más feo que puede pasarle a un ser humano desde mi nueva forma de ver?

—¿Que amiga?

—Estar con alguien que no te ama, y es muchísimo más feo que te quieran obligar a quedarte, por eso, si tu vinieras a decirme que hable con él, no lo haría porque en realidad yo ya no lo quiero; pero si fuera al revés, también tendría que comprender que si él no quiere estar conmigo es solo porque no quiere; le podría decir todo lo que vivimos y pasamos juntos, pero si eso no le alcanza, ¿que más puedes hacer?

—Sigo sin entender, perdóname por seguir en el mismo tema, pero ¿cómo podrías entonces saber que una persona es para ti o no?

—Cómo me explicaron, el amor es fácil, no difícil, el amor no puede ser como tú quieres que sea, más bien puedes decidir si lo que es tu pareja te agrada para hacer una vida.

—Hablas como una psicóloga, pero ya me perdí, explícame mejor.

—Cuando tú quieres que él sea como te da la gana, es como decir, quiero que me mande mensaje todos los días a determinada hora, que me abrace como yo quiero, que el regrese a la hora que yo quiero, y eso no existe porque entonces no existiría el enamoramiento, porque el enamoramiento es como amar a esa flor, no por lo que quieres que sea o huela, sino por lo que es, ¡eso es enamorarse!. En algún lugar existe una persona libre, la cual, después de observar, decides que lo que él es, te agrada y que puedes vivir bien con eso, y si te manda mensajitos, lo adorarás, pero queda entendido que él lo hace porque quiere hacerlo. Hay hombres maravillosos que no quieren decir te amo, pero tienen detalles que valen más que las palabras que deseas oír.

—Bueno ahí tienes razón, muchos hombres no saben decir te amo.

—Mira al final sí saben, todos saben, solo que no quieren, pero insisto, hay hombres que no quieren decirlo, pero hacen cosas que llevan implícito la palabra te amo.

EXPECTATIVAS ROMÁNTICAS

—Con razón me divorcié Consuelo, siempre quise que el fuera cariñoso y lindo y nunca fue así, pero ya sabes, yo muy tierna pensé que el algún día cambiaría si le daba más amor o si aguantaba un poquito más. Creí que él podría ser diferente.

—¿Ahora entiendes?

—¿Que debo de entender?

—Eso es una expectativa, ¿me explico?, una idea de lo que tú quieres que sea, no de lo que en realidad es. Si a tu marido lo hubieras observado más, pudiste haber decidido si estabas enamorada de él o te apasionaste de una idea que tenías de él, sin embargo, al final por lo que viviste, pudiste haberte dado cuenta que no era para ti.

—Pues sí, pero yo lo amaba.

—¿Que amabas?

—Me hacia el amor delicioso, era tierno, amable caballeroso y atento, nunca demostró algo diferente o más bien, yo me enamoré de quien yo creía que él era, pero luego cambió.

—Tal vez jamás cambió, solo se cansó de actuar, piénsalo de esta forma.

—Amiga, es algo para meditar más tarde con mi almohada.

¡Qué día me he pasado contigo!, quisiera seguir, pero es momento de retirarme, ¿Que harás tú el día de hoy?

—Estaré con un amigo.

—¿Ya ves?, ¡te lo dije!

—¿Me dijiste qué? ¿no tengo derecho?

—Amiga perdón, todavía pienso como mi abuelita me enseñó.

—Te lo presentaré, lo traigo en mi bolsa, es un gran libro.

—Amiga, me engañaste.

—Más bien, te engañaste tú al decir que habías entendido.

—Me dejaste callada amiga, no sé qué decir, solo hasta luego y lección aprendida.

ME DISCULPARÉ

Le marco a mi amiga.

¿Hola?, ¿Consuelo?, perdóname que te marqué a esta hora, me porté como tonta contigo.

—No lo creo, al final tenemos que aprender, ¿no crees?, por cierto, hoy fui a mi cuarta sesión.

—¿Y cómo te fue?

—¡Fabuloso!

—Qué bueno porque tengo muchas preguntas, las cuales algún día me servirán para ayudar a más mujeres, ¿no crees?

—¡Claro!, pregúntame.

PAPÁ O PAREJA

—¿Entonces me dices que no van a regresar verdad?

—No regresaré a donde no fue mi lugar, hoy estoy en mi lugar, o sea, ¡conmigo! Vestida como me siento bien, hablando como quiero hacerlo, ahora yo soy la única que tiene el permiso para juzgarme, ¡nadie más!, no habrá jamás un hombre que levante su mano en contra mía.

—¿Supones que todos los hombres son malos?

—No, ¡para nada!, solo que no me di cuenta de qué era lo que yo buscaba en una relación, en realidad buscaba un Papá en lugar de buscar un marido.

—¿Un Papá?, ¿entonces yo también busqué un Papá?

—Si buscas protección y reconocimiento a toda costa…, ¡sí!, y si él te trata mal y aun con eso, sientes que él es poderoso y te defenderá, ¡también!

—No lo había pensado de ese modo, más bien yo pensé que era muy nervioso, ¿o lo estoy justificando?

—Así parece ¿no lo crees?

—Sí, supongo…

CONVENCIMIENTO

—Él te vendió la idea de que era nervioso o explosivo y que no podía controlarse, es más, pidió disculpas por su forma de ser contigo, ¿es así?

—Si.

—Bien, pues es un pretexto para continuar con su forma de ser, ¿porque en los 3 años de noviazgo no pasó esto?, y ¿por qué casados si pasó?

—Déjame adivinar, porque es como tener una factura de un automóvil, me siento seguro porque ya es mío, y los primeros días lo lavo, pero después, que flojera y en los siguientes años menos lo cuidaré porque ya vale menos, ¿es así?

—Te va quedando claro Liz.

—Ufff, ya libre la idea de que busqué un Papá.

—En realidad no la has librado porque buscaste que él te guiara, que él te reconociera y te hago la pregunta..., ¿él es el maestro más adecuado para guiarte?, porque si es así, significaría que el ya pasó por eso, un matrimonio, hijos etc.

—Pues sí, mi marido fue casado.

—Y si en verdad es como me dices…, supongo fue exitoso con su familia.

—Si así es.

—¿Y por qué se divorció?, ¿lo entiendes?

—Creo que sí amiga.

—Ahora yo me pregunto, ¿qué le daba autoridad para opinar sobre tu vida y tu comportamiento?

—Pues tienes razón, al final en su anterior matrimonio, eran jóvenes e inexpertos.

—¡Claro!, ahora dime, ¿cómo se atreve a cuestionar algo que no sabe, y más si solo estuvo casado un año?

—¿Usan ese artilugio de buenos principios y experiencia para dominar?, ¿para que hagamos lo que ellos desean?

—Así es, y si dices, yo no hare lo que tú quieras, lo toman como una anarquía, y te veras mal tanto con tu familia como con la de él.

INTENTO HACER MI VIDA EN CASA

—Bueno ya no falta mucho para regresar a mi empleo y vaya que no he preparado nada aún, supongo que empezare antes de buscar un Papá, jajajaja, suena gracioso. Yo no buscaba un Papá en mi relación aunque acepto que cuando él se imponía enérgicamente, me sentía protegida, como si en verdad necesitara protección o mi ex marido supiera karate, y es que ahora que lo pienso..., que pasaría si nos sacan una pistola en la calle, ¿de qué me puede proteger?, o, ¿de qué protección busco?, ¿de esa habla Consuelo?, o ¿será protección económica?, algo así como que ¿él trabaja y yo como de su mano?, mmm, curioso. Siempre nos vendieron la idea que necesitábamos protección; mi Mamá me decía que se sentía protegida con mi Papá, pero mi Papá jamás lo vi salir a cuidar a mi Mamá cuando iba al mercado y mira que ahí podría haber necesitado protección porque era un lugar peligroso; pero no, de protector nunca sirvió, ¡con semejante panza de mi Papá!, jajajaja. Es más, ni dinero le daba, mmm, y ahora me pregunto, ¿será que Consuelo hablaba de mí?, porque me describió mi vida como fue en realidad, me la narro tal cual, recuerdo que una vez mi ex marido estaba tan enojado que gritó como loco y me jaloneo, obvio yo llore como magdalena y luego él también lo hizo cuando me vio enojadísima y que me quería ir, el lloro peor que yo y me pedía perdón, me dolió tanto verlo así que lo *perdoné porque pensé...., ¡si yo derrumbé al pilar de mi casa, debo de ser muy mala para haberlo logrado!, luego volvió a pasar, después otra vez, ¡por supuesto!, ¡le di permiso como dice Arturo!, con mi compasión o algo así.* Prácticamente le aseguré que mientras me pidiera disculpas estaba bien, hasta que un día pasó lo mismo y ya no pidió perdón, de hecho, me convenció que no era necesario porque siempre me lo ganaba yo. Después solo llegaba con un aire de cansado y yo aun enojada le servía su cena, porque mi obligación era darle de cenar a la hora que llegara hasta que descubrí que llegaba tarde porque se iba con la PUTA de su secretaria, ¡esa sí que era PUTA! o la excepción, porque ella sabía de mí, y además me decía bruja histérica, ¿porque lo decía?, ¿y si él le vendió esa idea?, porque si él le hubiera dicho que estaba enamorado de mí a su secretaria, ella nunca se hubiera acercado a él supongo. ¿Cómo voy a hacer vida en casa si solo pienso y pienso y para colmo, porque siento una gran afinidad por Arturo?, ¿él es malo o no...?, ¿pero que me pasará?, ¿porque lo hago?, ¿y si lo besara?, ¡sí!, entonces sabría si ama a mi amiga o solo hace sus dramas..., ay que cosas pienso, ¡por Dios!, pero es que me abrazó tan lindo, y si lo pruebo ¿seré PUTA ahora yo?, obvio ahí sí. En resumen, al final si lo hago soy PUTA, pero..., ¿si el me sigue el juego, que es él?*

VISITA AL PENAL, ¿POR QUE VENGO?

—*Parezco esposa de él, hasta le traigo bocadillos, pero en fin, hoy no hablaré de la PUTA de la entrada por que ya me acostumbré a sus maltratos, y esta vez fue diferente, no le hice caras, ni le dije nada, al contrario, fui amable, buenos días señorita oficial, ella me contestó de igual forma y me informó que haría el proceso de inspección el cual es por ley en la institución, que la disculpara, ¿qué raro no?, yo cambié y ella cambió, me deja pasar y Arturo listo para saludarme, si supiera que se llevará una gran decepción, pero ya no puedo mentirle más, tiene que saberlo.*

Hola Arturito ¿cómo estas hoy?

—Esperando las buenas noticias de mi Consuelo, ¿Que me puedes platicar?

—Pues mira…, ¿por dónde empezar?

—¿Por el principio sería una buena idea no?

—(*¿Cómo sabe mi frase?*), supongo que sí, mira Arturo, primero quiero saber si estas consciente de lo que ha pasado.

—Claro que lo estoy, por eso decidí cambiar, dejé de actuar y estoy seguro de que quiero seguir con mi cambio.

—¿Porque cambias Arturo?, ¿porque te conviene o por qué quieres cambiar?

—Mira supongo que por que me conviene, pero la realidad, he tenido muchísimo tiempo para pensar, y me doy cuenta de jugué un juego perverso con ella, en realidad siempre me daba cuenta que la dañaba pero sentía que alimentaba mi hombría el ser así, y con cada reclamo de ella, yo avanzaba más en mi negocio de dominio. En realidad, me reclamaba cosas que tenía razón, pero mi gusto por dominar era más grande, y ella cometió el pecado de muchas mujeres.

—Cual es tal pecado, déjame apuntarlo para no volverlo a hacer.

—El pecado es, "la seguridad que ofreces".

—¿La seguridad que ofrezco, ¿cómo?

—Si mira, es muy fácil, cuando me reclamas algo que te hago, sé que tienes razón en reclamarme lo que hice, pero no te daré la razón, si insistes y veo que no tomas una solución más asertiva entonces seguiré así.

—Una solución asertiva podría ser, ¿mostrarme enojada?, o, ¿irme?

—Podría ser una solución, pero si aun así no actúas, entonces yo continúo con mi forma de ser, porque ya tengo "la seguridad que ofreces" de que nada va a pasar.

—Si Arturo, pero si las mujeres decidiéramos dar solución saliendo de casa y dejarlos, ya no habría familias.

—Mira, hay miles de formas de tomar una solución, una podría ser, no darme de cenar por ejemplo.

—Pero eso es agresivo.

—Ok está bien, otra podría ser, no tener relaciones sexuales conmigo.

—Pues me perdonas, pero también es agresivo.

—Jajajaja, ¡al fin mujer!

—No te burles, estoy siendo sensata.

—Sí..., tú eres sensata, pero yo avanzo, por que como nada pudiste hacer por ser sensata o no agresiva, esto seguirá pasando, tú me das la seguridad para hacerlo.

—Te aprovechas Arturo, te pasas de tonto.

—Sí, pero..., ¿Quién es más tonto?, ¿el tonto? o ¿el que lo sigue?

—A ver si entendí, ¿me estas sugiriendo que debo de hacer algo, aunque sea agresivo para detener esto?

—Mira, podrías no hacer nada, ¿pero al final que es más agresivo?, ¿la agresión hacia tu persona? o, ¿lo que podrías hacer para que esto no continúe?

—Pues supongo que lo mejor es hacer algo al respecto.

—Ok, si vieras tu cara al espejo notarias que no te has convencido aún.

—Es que no entiendo como destruir una familia de esa forma.

—¿No entiendes como yo destruyo una familia o tú?

—Pues yo al hacer algo tan drástico.

—Gracias por defender mi postura, me haces sentir seguro y lo hare más seguido.

—¡Que chistoso eres!

—¿Y cómo no?, ¡si me estás dando permiso...!, ¿conoces a alguien que renuncie al poder?, porque yo definitivamente no.

—Ay Arturo ¿Que me pasa?, ¿porque no puedo convencerme?

—Te diré una de las muchas razones de por qué no actúas al respecto; supongamos que decides irte de casa, lo más probable es que no tendrás el apoyo de tu familia si decides regresar con ellos; ya que tu familia cree que debes estar a mi lado, y si te aceptan en tu casa te tocara pagar caro el hospedaje, y te maltrataran para que te quede claro que conmigo estas mejor o que tu escogiste esa vida y te friegas.

—Uyy, así me pasó a mí, mi madre me recriminó que por que huí de mi matrimonio, cuestionaba que ¿qué me pasaba?, y me decía constantemente algo que odiaba con el alma.

—¿Que te decía?

—Hija, ¿porque no hablan?, como si no lo hubiera intentado miles de veces, pero no me creía, como si mintiera, y adicional a eso, él le hacía llamadas a mi Mamá y curiosamente mi Mamá no me escuchaba a mí, pero a él si le hacía caso y quedaba yo como la culpable de todo lo que sucedía.

—Así es, ¿ya entiendes?

—Bueno, supongamos que me pegaba, ¿que debería hacer?

—Mira, en esta vida nada debes hacer, pero pudiste haber llamado al 911.

—¡Si claro!, y su familia me crucificaría por haber metido a su bebé a la cárcel.

—Pero ¿a él lo crucificarían por pegarte?

—Supongo que no, él les diría que soy una PUTA y que no le hago caso.

—Ok, otra vez tengo permiso de maltratarte.

—Pero ¿qué hago?

—Lo que te dije, llama al 911, y en 72 horas entiende hasta el más pintado.

—Pero ¿si al salir de la cárcel, el en venganza se divorcia de mí?

—¡Entonces él no era para ti!

—*(Eso me decía Consuelo)*

¿No era para mí?, ¿por?

—Porque si él se va, ahora ya sabes quién es, ya sabes que los golpes son una condicionante para estar juntos.

—Si supongo que sí, ¿qué feos son los hombres no?

—¿Qué te parece si cambiamos tu oración por...?, que feas son las mujeres.

—¿Porque lo cambiaríamos?, ¡él es el agresor!

—En realidad, él no es agresor.

—¿Estás loco?, ¡esta cárcel te está causando daño!

—Si, causa daño y mucho, pero sigo pensando que eres tú la agresora.

—¿Yo?, ¿por?, si al final, lo amo tanto que no dejaría que en la cárcel le hicieran daño o lo golpearan.

—Exacto, ¡eres una gran agresora!, ¡aumento mi condena jajajaja!

—Otra vez me obligo pedirte que me lo expliques bien.

—Primero, porque eres agresora de ti, cuando defiendes a toda costa la postura de él sobre tu ser, y el papel de agresora ya te está quedando bastante bien, muy a la medida. Por la otra, piensa esto…, lo que me harán en la cárcel (que es un caso extremo, como el mío actualmente), es el equivalente de lo que yo te hago; viviré como sientes cuando no te puedes defender de mí, aprendería yo mucho, pero tú no quieres que pase eso, ¡me lo solapas!, y además me maleducas enseñándome que esto lo puedo seguir haciendo, imagínate lo que por tu culpa haré después.

—¿Ejemplo?

—Mira, maltrataré a mi hija seguramente cuando regrese tarde de una fiesta, le diré que es una PUTA, además, si tengo amante, la lastimaré igual; obvio al principio no porque estoy actuando, pero después lo haré naturalmente. Así que eres agresora al dejar que mi ser se acostumbre a hacer y a hacerte daño.

—A ver sabelotodo tengo una duda, casi me convences, pero algo me salta a mi mente, ¿cómo que dejaste de actuar?

—Déjame explicarte, agárrate de la silla porque te vas a asustar, aunque de alguna forma ya lo habíamos platicado.

—Estoy asustada y te confieso que ya no sé si de mi o de ti.

—Jajajaja ok, mira, cuando conocemos a una linda chica, mostramos nuestra mejor cara, sabemos hacerlo, hasta le decimos que la amamos, jajajaja.

—¿Cuál es la risa?

—Que nosotros alegamos que no sabemos expresarnos porque nadie nos enseñó a decir te amo gracias a que nuestro Papá o Mamá nunca nos dio cariño o nos dijo esas palabras; pero a la hora del cortejo lo decimos mil veces. Como puedes apreciar…, ¡actuamos!, y ya casados ninguna palabra linda tendrán, y ustedes nos reclaman que nunca les decimos que las amamos cuando se los repetimos anteriormente tantas veces, solo que nos cansamos de actuar, y ¿ustedes como que tienen amnesia no?

—Que ojos se me deben de ver con eso de la actuación, pero regresemos al tema, hablábamos de que te maltrato al enseñarte que pegar no es tan malo.

—Ok sí, me maleducas y así empezaré a llevar mi vida hasta que tú te canses, si es que te cansas claro, además tus reclamos los llevaré a un nivel más alto para confundirte más, alegando que te estas volviendo una dictadora, de que quieres que haga lo que a ti te dé la gana, y me sentiré acosado, o lastimado volteando toda la culpa a ti.

—Victimizado diría yo, hay pobrecito, en ese momento creería que tu estima es muy baja.

—Yo creo que más bien mi estima es muy alta, porque ahora yo "creo" entre comillas, que tú y el mundo me quieren hacer daño por ser tan bueno, pobre de mí (así llegue con Consuelo a su vida), así que mi estima en ningún momento bajó, más bien está tan alta que mi ego se alteró.

—Y yo pago los platos rotos.

—¡Exacto!, ahora te grito y saco la frustración de mi día contigo y tú te asustaras por que como yo traigo dinero a casa puede pasar que ya no lo traiga.

—Oye en todo este relato me queda claro que, en verdad tengo una idea errónea de lo que es amarme a mí misma ¿No crees?

—Sí, y no es tu culpa, más bien de tu Mamá o Papá que te enseñaron este sistema de vida, pero antes que le reclames algo a tus inocentes padres, tendrías que saber que tu abuelita y tu tatarabuelita tuvieron mucho que ver en esto al enseñarles el mismo sistema.

—Oye eres muy bueno en las constelaciones, ya me quitaste un peso de encima.

—Jajajaja supuse que dirías algo parecido ¡pero no!, efectivamente ellos son los responsables, y si quieres les quitaremos culpabilidad, porque aunque sean responsables no por eso puedes por medio de ellos justificar tus actos o tus fallos, porque pese a ese pasado, no dejas de ser un ser independiente que piensa; que en realidad si sabes lo que es bueno para ti o que no lo es, solo que no te atreves a reaccionar por miedo. Creo que ahora te queda claro que siempre has sabido que sí y que no deberías de hacer.

—Mis ojos se me van a salir de la sorpresa, soy una maldita conmigo misma.

—Si lo eres, pero si en lugar de culparte o justificar lo que eres por culpa de tu tatarabuelita entraras en acción, otra cosa sería.

—Caray que ha sido una enseñanza que me da hasta miedo, entonces por eso muchas amigas mías no dejan al marido por miedo o por que las confundieron, ¿no?

—Sí y por falta de apoyo.

—¿Porque por apoyo?

—Como te dije, si tu Mamá y Papá entendieran que puede esto pasar y solo te apoyaran unos meses a salir adelante en el entendido que tendrás que ser responsable en casa de tus cosas y ayudar; mas no serás la persona que se dedicara al aseo para siempre, otra cosa sería.

—Pero…, la responsable soy yo, ¿o no?

—Mira, pondrían tratarte como antes de casarte, como si nada hubiera pasado, claro, con la salvedad de que traes pequeñas bendiciones contigo de las cuales tendrás que estar atenta, pero ahora te dicen, como ya regresaste darás el 80% de la mesada a la casa y con el 20% pagaras tus camiones, en lugar de decir, avanza hija, te apoyamos por mientras, tu intenta compensar de alguna forma lo que consumes y sal adelante. ¡Pero no!, en su enojo o frustración por tu derrota, te quitan gran parte de tu libertad y dinero como castigo, un castigo que dura años y que no te incitará a salir adelante, a evolucionar.

—Así me lo hizo mi Mamá.

—¿Y cómo saliste?

—Le oculté que me subían el sueldo o me ascendían, y ahorré, con eso estudié a escondidas una carrera y luego busqué salirme de inmediato, pero tenía miedo.

—¿Por qué?

—Porque le dije a mi Mamá que quería vivir sola y me dijo que los vecinos seguramente creerán que metería hombres en mi casa; o que me verán como una PUTA si llego tarde y que por eso ellos me tenían sometida, por amor a mí, por la dignidad mía y de mi familia. Pero aun así me fui, y vieras que sigo ayudándolos, ¡eso sí…! siguen cuestionando si traigo escote o falda o si meto hombres o no a mi casa.

—¿Ya ves? tu Papá lo hace y es justificado, pero tú no.

—¿Esto es un machismo generalizado?

—No mi vida, es un sistema que controla.

—¿O sea que de alguna forma todo esto está planeado?

—Digamos que tu mami se dejó llevar por el sistema impuesto, en resumen, no hay una razón en la historia de por qué los hombres son mejores que las mujeres, sin embargo, en el pasado, las mujeres jamás se rebelaron a tal opresión, yo me pregunto algo…, ¿en esa época quien sería un mejor gobernador, o científico o administrador, etc., un hombre o una mujer?

—No lo sé.

—Supongo que no lo sabes, sin embargo, se tomó la decisión que debería ser de esta forma…, todos los puestos altos será mejor que los manejen los hombres. Atrévete a buscar hacia atrás y no encontrarás en que parte de la historia, la mujer es peor o inferior al hombre, solo pasó y ya, digámoslo así…, se decretó.

—Ufff, ¿me quieres decir que los libros, pinturas, historias, internet y demás obligan a que esto lleve este curso?

—Sí, la respuesta es ¡sí!

—¿Y cómo combatimos esto?

—Si entiendes que en los movimientos femeninos ellas se están resistiendo, y no están decidiendo.

—¿Resistiendo, no decidiendo…?

—Cómo lo oyes, por ejemplo, las mujeres tienen los mismos derechos, ¿es así?

—¡Claro!

—Estás de acuerdo que tanto los hombres como las mujeres pueden usar camisas blancas, eructar, fumar y decidir por su forma de comportarse, que pueden ser dignas de un trabajo bien remunerado y etc., ¿es así?

—Si, ¡así es!, ¡somos iguales!

—Entonces, ¿porque en lugar de resistirse solo deciden y ya?

—Ya entendí, ¿o sea que las mujeres cuando hacemos movimientos femeninos vamos a gritar que nos den una oportunidad a regañadientes de que ustedes quieran o acepten dejarnos hacer cosas sin criticarnos?, ¿sin detenernos?

—¡Bravo!, ¡lo entiendes!, ¿por qué no se juntan y hacen un consenso?, visten y deciden hacer lo que quieren hacer, sin ser irresponsables obviamente, pero si hacer lo que crean adecuado para ustedes sin preguntarle al género masculino si lo aprueban, si lo ven bien, solo nivelar, esto es, yo trabajo y tu trabajas. Si los hijos te detienen, pueden crear guarderías adecuadas para tus hijos, guarderías que estén manejadas como verdaderas maternidades, donde se enseñe adecuadamente a un bebe o niño. Entonces digamos ya hay un consenso, se empiezan ayudar para salir adelante, no como un nuevo orden; sino con la actitud de ser y hacer como mejor les convenga a sus vidas, y las otras que decidieron quedarse en casa y ser unas grandes amas de casa, que sean respetadas por ustedes mismas como trabajadoras, con el mismo estatus que las mujeres que trabajan tienen. Cuando una mujer te vea en la calle con una playera blanca, en lugar de criticarte, decidan no hacerlo, y podría mejor decir, ¡oye, que hermosa eres amiga!, en lugar de gritarte PUTA, eso ayudaría más que darnos poder con sus resistencias.

—Bueno, pero es un hecho que el movimiento de liberación femenina tuvo grandes cambios en el planeta ¿no?

—Si ayudó, ¡claro!, pero ya teníamos un plan "B". Aceptamos desde un punto de vista pero…, pagándoles menos y continuando el dominio con otros medios, como ves…, ahora tenemos una mano de obra más barata pero resistente, y también teníamos argumentos para las amas de casa, nuevos argumentos para que se volvieran amas de casa responsables a como nosotros creemos que deberían de ser (sarcasmo) ya que ni experiencia tenemos acerca de este menester, pero si todo esto fallara, tendríamos varios juicios para obligarlas, y uno de ellos es infalible.

—¿Cuál es?, ¿una pistola?

—¡No!, ¡la palabra PUTA!, o visto desde otra forma, el juicio hacia tus buenas costumbres o dignidad.

—Pues…, así como lo dices, creo que caímos en la trampa, ¡por cierto!, con lo que sabes tu podrías ser como el genio de la libertad? ¿sabías?

—No soy la libertad, ni tú, pero…, puedes provocarla, si recuerdas que, ¡eres libre de ser!, pero cuando esperas la aprobación de alguien, ya no eres libre sino presa de todos.

—Entonces, ¿qué debemos de hacer?

—No busques la aprobación, solo haz lo que tengas que hacer, como lo oyes, haz lo que quieras o debas de hacer según tu criterio, no por molestar o desquitarte o revanchismo, atrévete a ser autentica, si usas una blusa blanca, la usas solo porque te sientes bien, no para demostrar tu libertad o molestar a otro, en resumen, solo porque eso te hace sentir bien.

—Oye, ¿podría ser eso mi mantra de hoy, "hago esto porque me hace sentir bien?" o, "hago lo que tengo que hacer", porque me gusta mucho como suena.

—Supongo que sí, y espero que nadie se entere de lo que hemos platicado, no sea que me maten a mí, porque te aseguro que mi club no me aprobará.

—No te aseguro mucho, pero intentaré que no se entere mucha gente, saliendo de aquí hare una revolución en silencio.

—Ahora explícame tu Liz.

—Juntare a las chicas y les enseñaré lo que aprendí hoy, y les diré, no esperes que te den permiso para ir al cine sola, solo ve, y si te dicen PUTA entonces date la vuelta y no pelees o te resistas, solo hazlo.

—¡Suena bien!

—Pero es horrible y a veces preferimos quedarnos en casa para que no nos insulten o maltraten.

—Entonces, si alguien te falta al respeto o te daña, toma el teléfono y llama al 911 y problema resuelto.

—Y si por ser ahora libre, ¿él se va con otra?, ¡que miedo no!

—Mira, si él se va suena a venganza, pero estaría en su derecho de irse como tú en tu derecho de irte también, sin embargo, si se va como amenaza te diré algo, te están chantajeando y al final, ¡si se ha ido antes con otra!, ni te has enterado.

—Oye, ¡esto ya no me gusta!

—Sé que no, pero esta es la vida y es un juego, es como cuando no quieres que vaya a una fiesta porque esta su exnovia, y le marcas mil veces para que ella vea que estás presente, piensa..., ¿porque no te llevó?

—Por cabrón.

—¡Exacto!, pero déjame darte una analogía, si él va a la fiesta y esta su exnovia, tu al molestar con tu presencia no lograrás evitarlo y si lo logras, déjame decirte que pueden verse en otro lado y en otro día.

—Wow y yo como tonta escribiéndole y marcándole.

—Jajajaja si, por que al final no podrás detenerlo.

—¿Eso es como volverse swinger?, ¿cómo aceptar que tenga otra?

—No, solo que en verdad no puedes detenerlo.

—¿Y entonces que debo hacer?

—Dale su libertad y no vayas a espiarlo, la verdad al final se muestra tal cual es y en ese momento puedes decidir.

—Pero es una desgracia que me entere que mi marido se acuesta con alguien, en verdad es horrible.

—Sí, pero algo maravilloso acaba de pasar.

—¿Qué es tan maravilloso?

—Que ya sabes quién es, y puedes decidir..., decidir qué hacer con tu vida y con él, ya que tu vida no la vas a vivir así o ¿de plano tu codependencia te lleva a tal nivel que te aguantarás intentando cambiarlo?, algo que no va a pasar por que cambia el que desea cambiar, el que desea hacer daño, no cambia y sigue haciendo mal.

—¡Ay mi vida!, como no supe esto antes.

—Pero ahora lo sabes y la recomendación que te doy es…, ¡Se equilibrada!

—¿O sea?

—Sí, al final, el no hará lo que quieras o simplemente te dirá lo que tú quieres oír, mejor espera.

—Bueno, espere dos años que me dijera te amo.

—Sí, pero esperaste mucho, quien te ama lo expresa o demuestra de alguna forma; además como te dije antes, el sí dijo te amo al conquistarte, ¿No?

—Pues sí, miles de veces y después ya no. Entonces ¿qué debo de hacer?

—No creo que exista el debiera, pero pudiste haberlo soltado.

—¿Sin pelear?, ¿rendirme?

—Nunca dije rendirte, cuando te trae un hombre alegría es para ti, cuando te trae problemas no es para ti, cuando te incluye en su vida, es para ti, cuando no te incluye serías muy necia pensar que te ama ¿no crees? Así de simple.

—¿Entonces no debo de luchar?

—Luchar es como tomar algo que no es tuyo, cuando es difícil no es tuyo.

LA GRAN EXPECTATIVA

Creo que ya expuse demasiado, pienso que ahora te toca a ti decirme algo de Consuelo, ¿no te parece?

—Bueno, considero que hablarte claro es importante. Te diré que paso antes que otra cosa ocurra, ¡Tú club te aplicó tu castigo!

—¿Mi castigo?

—Sí, por la traición que ellos creen que les hiciste, ¿y sabes?, le mandaron un video a Consuelo que tu dejaste en garantía de tu lealtad.

—¿Dijiste algo verdad?, yo de estúpido creyendo en ti, ¡me traicionaste!

—Jamás lo haría, más bien Consuelo te revisó y encontró, así que llamó y les dijo todo, lo demás es teoría por que supongo entiendes los estatutos que tal parece tú también creaste.

—Liz, tengo que irme, necesito pensar, ¿podríamos terminar esta platica ya?

—¿No deseas saber que platiqué con ella?

—Ya lo sé, solo con lo del video, me queda claro

—¿Te arrepientes?

—Me arrepiento de que no me metiera a la cárcel antes para poder entender algo que ya estaba entendido, y usé mi estiramiento como signo de masculinidad.

—¿Tú que?

—Sí, aguantar y aguantar y ¿por qué no?, aguantar un poco más con la firme idea que nada pasará, y aun con el video jurarle que no soy yo.

—¡Pero yo lo vi y eras tú!

—Sí, pero las mujeres viven la gran expectativa.

—¿La qué?

—La gran expectativa de que aceptemos la verdad para que una verdad sea algo así como una verdad absoluta.

—Pero ¿eso que tiene que ver con esto?

—Pues así de simple, que si yo juro que no soy yo el del video, aunque realmente lo soy, ella se volvería loca diciendo, si eres tú y yo diciendo no lo soy y el pleito jamás terminaría y ella se frustraría porque, mientras yo no lo acepte, parece que podría no ser o si ser, así de escueto, en resumen, podría ser que no es lo que se ve.

—Dices que las mujeres esperamos que acepten la verdad para convencernos de algo que a todas luces es claro, dame otro ejemplo por favor.

—Mira, nosotros dudamos que la comida es buena, decimos que está poco aceptable, cuando ustedes saben que es exquisita, esperan que nosotros les digamos lo rica que es como si nosotros fuéramos chef para saber que está bien hecha o no, y lo mismo pasa al hacer el amor, ustedes preguntan, ¿te gustó?, entonces inmediatamente una neurona masculina dice..., ¡dúdalo!, aunque haya sido maravilloso, como si en verdad nos la hubiéramos pasado mal.

—¿Que ganan con eso?

—¡Creo que no has aprendido nada!, aparte de ponerte de cabeza nuevamente con mis juicios, si te digo que la comida está mal, te esmerarás más; si te digo que hacer el amor no me gustó, podre usarte como saco de semen y derramar mi virilidad en ti en dos minutos, porque eso te haría pensar que quedé satisfecho, aunque tú no. Sin darte cuenta, tu quedarás frustrada porque aparte de no quedar satisfecha, nunca te enteraste si lo hacías bien o no a ciencia cierta, esa es la gran expectativa, y como no sabes si lo que haces es bueno o no, porque nosotros no deseamos expresar la verdad, intentarás agradar al ser que tú crees que es una autoridad para saber lo que está bien o está mal de mil formas, Liz, yo no sé quien tenga la última palabra entre lo bueno y lo malo, lo equivocado y lo correcto, lo falso y lo cierto, inclusive de la misma verdad y la felicidad que de por si son tan relativas; pero te aseguro que nosotros no creo que tengamos esa última palabra, así que no veo por qué esperar esa aprobación de parte de alguien que no tiene gran experiencia en estos menesteres y menos para declararse un juez para ustedes.

—¡Arturo! olvidé que tengo que presentarme en el trabajo y me voy, lo siento, pero tenía que decirte la verdad para cuando salgas en días sepas a que te enfrentas.

—¡Si!, me enfrento a mi verdad.

—Más bien a la verdad de los dos.

—No, te equivocas, me enfrento a mi verdad, yo decidí creer que ella estaba feliz así como yo era, ahora veo que no, más bien, ¡siempre lo supe y me la jugué con mis estiramientos!, y eso nada cambiará, es mi verdad, no la de ella, la de ella es que, yo no servía a sus fines.

—¡Oye no te castigues tanto!, tienes muchas cosas buenas.

—¡No entiendes Liz!, ella tenía ideales, fantasías y planes que yo acepte para que ella se casara conmigo, como: comprar una casa en la playa, terminar su carrera que le permitiría desarrollarse de mejor forma, operarse la nariz, y mira, a todo le dije que sí, cuando yo sabía que nada pasaría, porque no pensaba hacer nada de eso que prometí, pero lo acepté para que se convenciera de que era el mejor partido. Como puedes ver, le vendí la gran expectativa, y ella intentó creerla.

—Yo creo que si te creía.

—Más bien quiso creerme y se engañó intentándolo, porque desde el primer día, le demostré que no me interesaba nada de lo que le prometí. Le hice pensar que a lo mejor sucedería, y le dije que si pasaba…, seria tiempo después; pero nació el niño y le convencí que se quedara al cuidado de él por lo menos dos años para que estuviera más grande y solo después hiciera lo que tanto quería. Finalmente, cuando ya controlaba el negocio llamado familia, se dio cuenta que no invertiría en eso, que lo que haría seria invertir en mis sueños, en mi hijo y su educación que es más importante que sus ideas locas, también en mis negocios que nos dan de comer, como ves, ella quedo nulificada. ¿Ahora entiendes?

—Ufff, entiendo tanto que ya no quisiera hablar más del tema por hoy, estoy impactada, a veces no entiendo a Dios, ¿porque Dios te puso en el camino de ella?

—Dios no me puso en el camino de ella, ella tomo el camino equivocado con un sueño que yo le vendí, pero si hubiera sido más suspicaz, podría haberse dado cuenta que yo ya era así cuando le platiqué de mi antiguo matrimonio, o pudo darse cuenta cuando mi Mamá le platicaba mis defectos. Solamente te diré mi analogía de mi matrimonio en unas frases.

—Te escucho.

—¿Recuerdas lo que platicamos de la responsabilidad de dejarte dañar o no?, ¿y que eso te hacia agresora?

—Si, lo recuerdo demasiado bien.

—Pues si ella tiene culpa de algo es que fue mi agresora al aceptar mi daño a su ser. Es mi agresora porque al dejarme ser lo patán que era, me señó que eso se podía hacer con ella y otras mujeres y por cierto, yo fui su agresor porque entre las cosas malas que le hice, le fomenté la dependencia a mí.

—Con esto, ¿qué puedo pensar de mi divorcio?

Cuando me fui, me dolía que él no cambiara, pudimos tener un matrimonio hermoso, y por eso me largué, porque él no quería cambiar.

—Mira, nunca te vayas porque él no puede cambiar, "vete porque tú eso no lo puedes aceptar", y si lo entiendes, serás libre, te digan PUTA o no.

Liz, creo que es suficiente por hoy.

—*Camino como zombi a la salida, ¿no sé qué pensar?, en verdad Arturo me está enseñando tanto que me pregunto: ¿Cómo alguien enseña solo cuando algo le duele?, ¡En verdad está cambiando porque en este tiempo de análisis se dio cuenta que ha hecho un daño enorme! Pero tuvo que tocar fondo, ¡y si!, ¡como él dice!, usó su máximo estiramiento. Él sabía que podía pasar, y aun viéndolo venir se estiró y se estiró, entonces, a este señor le faltó miedo o le faltó amor. Creo que las mujeres deberíamos de tomar decisiones antes de que se hagan más grandes los problemas. Ok, ¡hora de trabajar!*

PENSANDO EN EL CAMINO

—*Tengo ganas de llorar, y a veces pienso que es de emoción, ahora entiendo que no se trata de agarrar a un hombre a sartenazos, sino de dejar las cosas claras desde un principio y ser valiente porque si no resolvemos esos puntos que nos beneficien de igual manera a ambos, y mi pareja decide que la balanza debe inclinarse solo de un lado; entonces aquí aplica mejor decir adiós, si no, viviría lo que Arturo dice..., "La gran expectativa", ¡ufff que fuerte!, ahora más que nunca debo de agradecer que todavía no estoy donde quiero estar, pero agradezco porque ya no estoy donde estaba antes, hoy soy yo y no quien quieren mis padres o amigos que yo sea, y no se trata de tatuarme todo el cuerpo y de raparme ni cosas así, no es un reto hacia el mundo o una gran protesta, es solo ser..., ¡SI!, es solo ser y no permitir que me cuestionen cuando decido que es lo mejor para mí.*

ME PRESENTO A RECLAMAR MI TRONO

—¡Buenos días a todos!

Los hombres me sonríen increíblemente, y bromean de forma amable, ¿será mi nueva forma de vestir? o ¿solo les preocupa lo que pueda pasar?

—Buenos días Liz.

—Buenos días a todos, hoy estaré un par de horas y ya pronto me tendrán por aquí de tiempo completo, espero poder ayudar en lo que más pueda.

—*Susurra una voz de mujer, pinche vieja, lo que logró acostándose con el jefe.*

—¡Oye! ¿qué te pasa? ¡te oí!

—¿Y me vas a regañar?, o me correrás.

—No, ¡no lo hare!, pero no permitiré faltas a mi persona.

—*Como si en realidad fuera ella una persona, le dice a otra chica.*

—Mira, hablaremos luego, ¿y Don Remigio?, ¿dónde está?

—En su oficina, ¿quieres que le informemos? *Pregunta un hombre.*

—Por favor háganlo, *le marca y desde aquí oigo.*

—¡Que pase la nueva jefa!

—*Que divertido suena, me sienta muy bien ver como se retuercen por mi designación.*

—¡Señorita Liz!, ¡que gusto verla!, ¿me imagino que llegar antes de lo acordado es que tiene nuevos planes para con la compañía?

—¡Así es señor!, creo que implementar mis nuevos planes traerá como consecuencia una producción más elevada y un aumento de ingresos económicos considerable a nuestra empresa, por eso le pido me dé la potestad para abrir una junta de inmediato.

Me entrevisto con el personal y ya están todos atentos a mi discurso y les saludo

Buenos días a todos.

—Buenos días, señorita Liz.

—Pese a el maltrato que recibí en la entrada que no voy a reprochar, pero tampoco permitir, y que por cierto, no pienso correr a nadie sino a dejar claro lo que haremos, me presento como la nueva supervisora y soy quien implementará las técnicas que usaremos para el mejor desempeño de nuestras actividades.

Primero, veo que muchas mujeres reclaman su derecho a la igualdad imitando a los hombres en su forma de ser y pensar; pero en mi estancia, esto no será ya necesario. Las mujeres que tengan el mismo puesto que los hombres tendrán los mismos salarios, pero las mismas obligaciones, igualdad dijimos ¿no? *(curioso, las mujeres no me atacaron esta vez)*. No venimos como mujeres a quitarle el puesto a nadie, no pretendemos eso, venimos a desarrollar un trabajo adecuado para poder exigir un salario adecuado, honroso que nos pueda llevar a vivir una vida más placentera. Haremos un gran trabajo pero que quede claro que no haremos este nuevo esfuerzo para demostrarle a los hombres que somos mejores que ellos. *Y de momento, alguien gritó.*

—¡Si lo somos! *Y se soltaron a las carcajadas.*

—Ok, pero yo hoy las incito a competir contra ustedes mismas, no contra nadie, lo que nos hace crecer como seres humanos, ya sea hombres o mujeres, no es nuestro género sino nuestra forma de ser maduro ante las cosas o problemas que se nos ponen de frente día a día, *(algún chistoso dijo).*

—Bueno, las mujeres arreglan todo llorando, eso da vergüenza.

—Sí, tienes razón, las mujeres lloramos pero tú las lágrimas las sustituyes con el alcohol que es más vergonzoso y cuesta, *(no supo que contestar)*, ¡miren!, no vine a dividirlos, vine a decirles que ustedes no se dividan, que su trabajo no tiene nada que ver con su género o con su vida personal, que no vinieron a sacar su frustración con los otros aprovechando que son sus subordinados, eso es cobarde y debería ser tipificado en la ley, viniste a dar lo mejor que puedes de ti, no solo para justificar tu puesto, sino para justificar tu evolución. Ustedes tienen una vida que muchos piden a gritos. Otros piden por un día más y a ti te sobra y que eso es suficiente para cuestionarte, ¿cómo puedo vivir hoy?, como para preguntarte a principio de semana, ¿Cómo evolucioné hasta el día de hoy?, *(nuevamente alguien pregunta).*

—A ver señorita, mi trabajo es solo una rutina, solo eso.

—¿Dime algo?, ¿has pensado como hacer que tu trabajo sea más rápido aún?

—Pues..., sí, pero entonces me van a dar más trabajo porque me quedaran horas libres.

—Sí, tienes razón, pero piénsalo, tú te rentas por horas, ¿es así?

—Pues sí, así es.

—¿Ya lograste evolucionar un proceso de tu puesto para hacerlo más rápido cuando menos por tres veces?, ¿evolucionaste para ti mismo y aumentaste la producción de dónde trabajas?

—¿Y si no me dan más dinero?

—¡Entonces produce más!, usa esas horas para lograr un mejor método en otra área o en el trabajo que te soliciten.

—¿Y si así no me pagan más?

—Me queda claro que entonces tienes el derecho a reclamarlo.

—¿Y si aun así no me dan más?

—Bueno, puedes ser la tortuga que siempre fuiste, o ser en estas 8 horas una liebre que avanza en cada salto, en resumen, evolucionaste y eso te debe de dar alegría, sin embargo, creo que mereces un estímulo por tan grandes logros y pienso que al que le falta evolucionar más bien ahora es a tu jefe, ¿no crees?

—Así es señorita.

—Yo vengo a evolucionar con ustedes, no veo obreros o secretarias, veo posibles socios o empleados de confianza, no quiero alumnos, ¡vengo a crear maestros!

Mujeres, no hagan revoluciones exigiendo, porque el mismo exigir es declarar que no hay…, sosténganse en lo que ustedes quieren ser, y háganlo valer.

—¿Cómo?

—Evolucionando, no pidan que les den oportunidad de jugar futbol, mejor aprende y ya que juegues increíblemente, vayan y demuestren que su temple les alcanza para eso y más, y si aun así no pudieran…, revolucionen la idea del futbol con un equipo de mujeres.

¿Entienden la metáfora?

Esta compañía será próspera y es obvio que cuando decidamos promocionar gente, buscaremos no a mis amigos, buscaremos gente que ha hecho una evolución en su persona como en la empresa.

Los aplausos se oyeron de ambos géneros, bueno, más de las mujeres que de los hombres, pero al fin aplausos. Recojo mis cosas y me voy a mi lugar.

CUESTA TRABAJO CAMBIAR

—*Llega a mi lugar Don Remigio y me dice.*

—Estuvo brillante señorita, ¡no puedo creer como una mujer pudo controlar a un rebaño tan bien como usted!

—Supongo que no lo puede creer porque nunca nos dieron la oportunidad de controlarlo o a lo mejor, nosotras no nos dimos esa oportunidad, o no nos decidimos a hacerlo.

—Wow, habla como una maestra, creo que esas vacaciones le han venido muy bien, y por cierto, yo evolucioné al escogerla a usted ¿no cree?

—Lo creo, como creo que haber escogido a un hombre con la misma capacidad hubiera sido una buena decisión.

Ring ring, un momento Don Remigio, recibo una llamada.

—Buenas tardes, ¿la señorita Lizbeth?

—Si, soy yo.

—Uno de nuestros custodiados presento un problema de tipo cardiaco y es importante que venga, ya que en casa nadie contesta, ¿podría asistir de inmediato?

—¡Hay por Dios santo!, *¿habrá sido por mi culpa?, ¿lleve un mal mensaje?, voy de inmediato.*

EL PERDER ES BUENO

Hola, ¿estás bien?

—¿Quién eres?

—¿Pues a quien esperabas?

—A Consuelo, pero sé que Consuelo no llegará.

—Arturo, ¿qué te dicen los doctores?

—Dicen que estoy bien, pero llevaba varias horas sintiéndome mal, sin embargo, ahora que llegas me siento mucho mejor.

—¡Ay que susto más grande me hiciste pasar!, te pasas.

—Ya no lo hare, aunque muchos dicen que a veces si espanto.

—Ni que fueras un fantasma.

—Muchos me dicen que sí.

—Bueno ahora que lo mencionas, estas muy blanco, tal vez sí.

—¿Sabes?, creo que jamás saldré de aquí.

—Yo creo que sí, van muy pocos días y viene tu audiencia mañana, si yo fuera tú me aliviaría.

—En verdad deseo curarme y si logro salir de aquí, hare por Consuelo y por los niños lo que nunca hice en mi vida.

—¡Sé que lo harás!

—Será complicado pero lo hare, aunque será difícil solo observarlos y nunca más tocarlos.

—¡No exageres!

—Ya lo decidí, ¡así será!

—¿Porque me dices eso?

—Porque, aunque no deseo el divorcio, no deseo volverla a ver después de haberla esclavizado y engañado.

—No creo que hayas esclavizado a Consuelo.

—En realidad si lo hice, ella siempre intentó hablar para arreglar las cosas y yo sabiendo que podría oírla y ayudar a mejorar la relación, jamás lo intenté. Que por cierto, no estaba en mis planes cambiar mientras ella fuera la tonta que aguantaba, y ahí la esclavicé o esclavicé su mente con mis implantes en su cerebro, haciéndole creer que ella destruirá a la familia si se marchaba. Como ves, ella nunca pensó en el divorcio, y menos lo pensaba por sus hijos, así que aguantaba lo que yo le hacía. En resumen, vivió una esclavitud desde el momento que no podía hacer lo que deseaba pero tenía que hacer lo que yo quería, y ahí, si aplica el divorcio.

—O sea…, ¿Cuándo ya no hay voluntad de una parte o de ambas aplica el divorcio?

—Si porque al final, yo no pensaba cambiar y ni siquiera estaba en mis planes más cercanos, y cada vez las agresiones físicas eran más continuas, ya que conforme yo veía que no se iba, ni me denunciaba y aguantaba mis golpes, me di cuenta de que yo la dominaba más, así que, dándole más de este método, comprendí que ahora ella me temía.

—Supongo que también al final todas podrían divorciarse y ya, ¿no crees?

—Mira, el divorcio pudo ser una solución para disolver algo que en realidad no funciona, alejarte de una relación o una persona que ya no te pertenece, pero más bien se hizo un juego de poder. Desde el primer día que lo hablas o lo demandas, empieza el juego de poder, ya que quien no desea aceptar que esto no funciona, se llenará de terror, y de esa forma, tienes amenazada a la mujer, que si no se porta adecuadamente (traducción de patán, que significa, haces lo que yo quiero que hagas), entonces me divorcio de ti.

—Un chantaje, ¿es así?

—Sí, así es, en realidad, el divorcio es una herramienta que da oportunidad a dos seres de intentar ser felices en otro lado, cuando ya no tienen la capacidad de serlo juntos. Liz, veo tus ojos de sorpresa y sé que te sonara raro y a lo mejor hasta crees que promuevo el divorcio, pero es una exquisita oportunidad de mejorar diría yo cuando no hay nada más que hacer, y soy enfático, "cuando ya no hay nada más que hacer".

—Bueno, algunas mujeres se aprovechan y quieren hasta las perlas de la virgen diría mi Mamá, pero también los hombres, luego no quieren dar nada.

—Pues sí, podrían ponerse de acuerdo que de el equivalente de lo que los niños necesiten en lo que ella crece de forma laboral. Por supuesto, ellas tendrían que buscar las guarderías en donde se tenga la capacidad de educar de manera responsable y óptima a los niños. De esta forma, podrían desarrollarse sin que el tener que cuidar a los niños sea un obstáculo.

—Dime entonces, ¿divorciarse es bueno?

—Es bueno cuando no lo utilizas para chantajear, sino que lo utilizas porque ya no hay nada más que hacer, inclusive, porque uno de los dos ya no está enamorado.

—¡Oye!, pero no se vale que después de casarte te desenamores y te vayas.

—Podrías irte responsablemente ¿no?, sin embargo, no se vale y tienes razón, pero dime tu, ¿de cuantas cosas en la vida te has equivocado y las has dejado para buscar un nuevo objetivo? ¿Cuántos novios tuviste? y simplemente no te quedaste con ellos porque te diste cuenta de que no te pertenecían, porque te diste cuenta de que el actuaba, o a lo mejor tú actuabas hasta que te cansaste de eso. ¿Recuerdas cuando hablamos de actuar?

—Sí, lo recuerdo, y entendí que los humanos actuamos cuando deseamos algo, y damos lo mejor de nosotros para obtenerlo, y al final de la jornada, nos cansamos de esa actuación, de algo que no somos, y decidimos ser lo que realmente queremos ser asustando a nuestra pareja por este cambio, y…, perdón que tomé este tema en estas circunstancias pero…, ¿en tu caso?

—En mi caso, dejé de actuar y aparte no me quiero divorciar, y me viene una crisis donde me doy cuenta de las cosas que hice pero, ya es tarde, porque ella, ya se enteró quien soy y hasta donde soy capaz de llegar. Las promesas no valen mucho en esta ocasión, y ella a su vez, se dio cuenta quien es ella y hasta donde es capaz de llegar; como te dije al principio, los veré de lejos y de lejos los amaré, pero sé que es lo mejor para ella y para mí. Sabes, la amo tanto que le regreso su libertad incondicionalmente, porque aunque la amaba, tenía más ganas de lastimarla que de abrazarla, así que, desde un punto de vista, ella sacaba lo peor de mí con su bondad.

Estando lejos ya no pasará, y ella se auto descubrirá y dejará de ser la persona sumisa para empezar a ser quien realmente quería ser. Obvio en ese lapso puede perder o ganar, por eso, sé que ella usará toda su experiencia para no caer en traumas que afecten una nueva relación.

TRAUMAS POST MATRIMONIO

—¿No entiendo?

—Ella tiene que entender que su nueva pareja tendrá que descubrirla tal cual es, si es que desea enamorarse, y no compararlo como era yo, ya que muchas personas, echan a perder una nueva relación pensando que esta pareja se parece en esto o en lo otro a su pareja anterior. Que él tiene ademanes o habla como su ex y no se dan la gran oportunidad de observar, de saber quién es la persona y si me puedo enamorar o solo me gusta.

—¿Cuál sería la diferencia?, en realidad, ¿así empieza esto del amor no?, con atracción.

—Así es, pero, cuando la atracción pasa a un segundo término, es entonces que la pareja en realidad se conoce. Muchos empiezan a comparar, es más, inclusive, desde que empiezas tu relación, apenas notas que no te manda mensaje, ya interpretaste como que es igual que el anterior y dices…, ¿otra vez lo mismo?, o si ronca piensas que ronca como él.

—¿Y que debería de pensar?

—Podrías pensar…, el ronca, solo eso, no pensar como quien ronca, hablo de descubrir, ¿me entiendes?

—Creo que sí, pero es complicado por nuestros malos recuerdos.

—¿Es complicado?, o más bien ¿te lo haces complicado?, imaginemos que vamos al cine a ver una película que no hemos visto, compras tus palomitas, tu refresco, y entras al cine, te sientas y miras la nueva película, tienes una ligera expectativa de que se trata porque, por algo fuiste a verla, pero solo observas, no esperas nada más, y dices ¡wow!, fue magnífica, o de plano, no me gustó.

—¿Eso que tiene que ver?

—Mucho, ahora imagina que estas con tu nuevo galán, y en lugar de que pienses, ¿qué hará como mi ex?, mejor descubres como es el, por ejemplo, hasta hoy, me agrada estar con él, o de plano, ¡no me gustó! Si te permites descubrir u observar, te darías cuenta de que a lo mejor, el toca piano maravillosamente, o tal vez habla inglés muy bien o quizás, recita estupendamente, ¿y por qué no?, es un gran cocinero o yo que se pero en algunos casos, no te enterarás de lo demás por echar a perder la relación comparando desde el principio.

—Bueno en mi caso diría, mi exmarido también cocinaba.

—Así es, pero si no lo comparaste con la comida de tu Mamá; entonces podrás decir que es estupendo cocinando, y tal vez ya vas por un buen camino, pero date la oportunidad de sorprenderte. La gente le dice mucho a Dios, Dios..., sorpréndeme, y Dios pienso que podría contestar, mejor sorpréndete tú, ¿no crees?

—Sí, tienes razón.

—Pero sigamos con la película que fuiste a ver, entras y te sientas, acomodas toda la comida y bebidas que compraste afuera y ahora empieza la función, los primeros minutos tendrás que estar atenta, observar bien para saber cómo se relaciona o hacia dónde va la película, y mientras observas, no esperas nada, solo ves la pantalla, y después de unos minutos, te puedes interesar y disfrutar de tu película o tomar la decisión de irte.

—Es raro que alguien se vaya, casi nadie lo hace.

—¿Y si saliera un fantasma a la mitad de la función?, recuerdo por Consuelo que les temes aun en películas.

—Saldría corriendo de la película obviamente.

—¿Ya ves?, ¡eso no era para ti!, porque no te agrada simplemente, y se vale decir no al principio o a la mitad, pero date la oportunidad de observar, porque aunque pasaste un mal momento con algo que no te gustó, te diste la oportunidad de decidir al no hacer juicios, de descubrir si esto era para ti o no lo era, esto es, digámoslo así, un divorcio, y los que se quedan es porque quedaron convencidos, eso es un enamoramiento, y a veces te enamoras tanto que deseas ver la saga completa, ¿me entiendes?

—Sí, veo que eres muy gráfico para tener conectado esos aparatos, o sea que si salgo con ese chico observo, y si algo no me gusta, ¿qué debo de hacer?

—Cómo te explique antes, mientras no haga daño a tu cuerpo o tu ser, sigue observando, ve quien es realmente y decide si te quedas o te vas.

—¿Y si no me conviene, pero me gusta mucho?

—Pues estarías aplicando tu ego, y dañarías a tu ser porque para tener ese chico guapo, entonces tendrás que sufrir cosas que no deseas pasar, algo así como, pagar un precio muy alto.

—¿Que complicados somos los humanos no crees?

—Pues sí, pero al final si lo pierdes, tienes la ventaja de que no perdiste más tiempo ¡que eso si es valioso!, y obtienes la oportunidad de intentarlo otra vez.

—En resumen, así como me lo dices, perder no es tan malo.

—Así es Liz.

—Ok, pues ahora te pido que le eches ganas, porque la vida con esos achaques es complicada, ¿quieres que haga algo por ti?

—Sí, solo asegúrate que Consuelo y los niños estén bien, y de vez en cuando ven a verme, tus visitas, hacen más dulce mi estancia aquí.

—Así lo hare.

NO ME ALCANZÓ EL AMOR

—*Ring, ring, llamada de Consuelo,* ¿Hola?

—¿Hola Liz?

—Hola Consuelo ¿cómo estás?

—Bien, es que te quería decir que aceptó mi consultor verte si eso deseas, y me urgía darte la noticia.

—Me encantaría, ¿porque sabes?, tengo demasiadas ideas en la cabeza que ya no sé qué pensar, te ha funcionado a ti por lo que puedo ver.

—Así es, me ha funcionado ser yo, ¿y te digo algo?, me gusta lo que soy ahora.

—¡Que emoción amiga!

—No te niego que tuve unos días de depresión o ansiedad, o ya no sé qué tuve.

—¿Qué te hizo sentirte así?

—Darme cuenta de que, en mi vida con Arturo, no me alcanzó el amor.

—¿Que?

—Sí, mi amor a mis hijos mucho tiempo fue condicionado.

—Explícame por qué no entiendo nada.

—No me alcanzó el amor por que dejé que cosas feas pasaran frente a ellos, aguanté porque según yo, los protegía de perder a su Papá; pero mi amor a ellos fue poco, porque en realidad pensaba que mis hijos valían porque Arturo estaba en nuestras vidas. Las dos veces que nos separamos, me di cuenta que amaba a mis hijos pero porque estaba Arturo, que sin él, ya no los amaba tanto, al grado de pegarles o gritarles por estar pensando en su Papá, que faltaba y sin él, ellos perdían valor. Cuando regresaba, los volvía a amar mucho, les pedía perdón, según yo me ponía linda, les compraba cosas, los besaba mucho, pero solo porque Arturo regresaba, y ahora me doy cuenta que no fui la leona que protegía a sus cachorros, que ellos eran como mi ancla con Arturo, y mi ego me hacía estragos pensando tonterías como: Ojalá se enfermen para que el vea que al irse, cosas malas suceden, así que no fui la madre que yo presumía, porque al final, eso le deseaba de una forma u otra a mis hijos. Según yo, le mostraba que era buena madre para que él se sintiera más amarrado al matrimonio, y cuando vi que algo andaba mal, que ni así se convencía, entonces tuve al tercer niño, pero no lo tuve por amor, lo tuve por mi ego, para que se sintiera aún más comprometido. Pasó mucho tiempo, pero después aprendí a enamorarme de mis hijos y es curioso, porque todo cambió.

—¿Por qué amiga?, ¿por qué cambió o en qué sentido lo dices?

—Sí, porque me di cuenta de que los prefería a ellos que a él, aunque pensaba que la familia es Papá, Mamá e hijos.

—Así debe de ser amiga, siempre lo dicen en la tele.

—Mi consultor me enseñó que familia es quien contigo quiere estar, sea quien sea.

—Entonces, ¿yo soy tu familia?

—Así es, porque tú quieres estar, y por lo tanto eres mi familia.

—Pero no creo que haya el mismo compromiso pienso yo amiga.

—Al final te darás cuenta que no es una obligación ni para el Papá o la Mamá ese compromiso que dices, porque tu familia es eso: Quien contigo quiere estar, quien te quiere ver bien, quien te desea lo mejor, pero cuando nos venden la idea de que una familia es de sangre, te mueres de ansiedad al ver que la gente no hace el mínimo esfuerzo por ti, y piensas: ¿Porque no me ayuda o no me tiene paciencia si es mi hermana o mi Mamá?, y haces una analogía de por qué mejor mis amigos se preocupan o hacen cosas para mí.

—Oye eso pasa muy seguido y nos ponemos muy mal; al menos yo al ver que mis hermanos no me quieren mucho y mis amigos sí.

—Así es, y por eso aprendí que, si no te quieren mucho, tampoco están obligados a hacerlo.

—Entonces…, ¿los tiro a la basura?

AMAR EN SILENCIO

—¡No!, solo ámalos en silencio, si ellos quieren estar lejos de ti, por que como dice mi consultor, la misma palabra lo dice, ¡ellos quieren estar lejos de ti!, y eso se debería respetar, en realidad se debería de respetar lo que la gente quiera como también se debería de respetar lo que tú quieres.

—Me sorprendo con tus palabras amiga, en verdad no sé qué decir, pero me quitas un peso de encima porque durante 20 años he peleado que somos una familia disfuncional y que mis hermanos me deberían amar y yo a ellos y vernos más seguido.

—Tal parece que los disfuncionales somos los que queremos obligar a alguien a amarnos o por jerarquía o por compromisos pasados y si, pobrecitos de tus hermanos que los quieres obligar a que te amen cuando no tienen esa capacidad, y menosprecias a la gente que en realidad puede y tiene la capacidad de amarte.

—¿O sea que...?

—Si tu familia: Papá, Mamá o quien sea, no desean amarte, están en su derecho y los puedes amar en silencio, pero hay tantos humanos que mueren por estar contigo y tal vez quieras abrir tu corazón a ellos, sean de tu sangre o no, a veces, ellos inclusive te darás cuenta de que te aman más, o hasta te donen un riñón gustosamente para que vivas mejor.

—Me sorprende pensar así, me resisto, pero en realidad es cierto que no puedes obligar a nadie a amarte, ¿entonces podría convertirme en una amante del mundo y me quitaría de problemas?

—Mira puedes ser lo que quieras, puedes amar con tal intensidad que te plazca, pero…, dar más amor no significa que recibirás más, solo dalo por qué quieres hacerlo, abraza porque eso te llena, pero cuando veas que hay resistencia y empieces a sufrir, a lo mejor ya no vas por un buen camino.

—*(Así dice Arturo, que raro)*, Ok, reflexionando esto me pregunto yo en este instante, ¿que es entonces Arturo para ti hoy?

—Para mí es el padre de mis hijos, es el compañero de un partido de futbol en el que yo quise participar a sabiendas que habría patadas, golpes e injusticias. Me volví loca pensando que el debería jugar como yo, y todo parecía que así era hasta que el decidió cambiar, o más bien…, dejo de actuar,

—¿Actuar…?, *(ya había oído eso antes)*

—Sí, y creo que era ahí donde yo me conduje de la peor forma, porque en lugar de poner las cosas en claro, supuse que siendo más pasiva me amaría más y heme aquí.

—Ok, eso ya lo habíamos platicado antes, pero…, ¿que es para ti?

—Un recuerdo bello de un principio bello, y un gran maestro, porque aprendí en solo unos días, algo que no aprendí en 15 años gracias a la crisis que tuvimos, obvio dolió, pero yo no quería aprender y el me obligó a hacerlo, y a veces pienso que, si él no hubiera hecho lo que hizo, seguiría igual, sometida y frustrada.

—Quieres decir que, ¿no hubieras entendido?

—Tal vez si o al menos eso supongo, pero muy tarde para empezar de nuevo, aunque nunca es tarde pienso yo.

—Me inspiras mucho y no quiero echar a perder esta grandiosa plática, pero tengo que preguntarte esto: ¿Regresarías con él?

—La respuesta está implícita en mi cara.

—Tu cara me dice que no.

—Entonces entiendes bien mis facciones.

—Oye, tengo una pregunta rara, ¿puedo hacerla?

—Dime.

—Y si de la nada, ¿una amiga tuya se enamorara de el?, ¿cómo te sentirías?

—Si le preguntas a mi ego, te diría que muy extraña, pero si le preguntas a mi nueva yo, me daría gusto, aunque acepto que le quisiera advertir, pero nuestros hechos hablan por sí solos. Como dice mi consultor…, ¡Dios ya habló y fué claro!, y si ella aun así decide hacerlo, yo ahora los bendeciría muchísimo, por que como en un partido de futbol, no se me ocurre que cuando mi compañero juegue con otro equipo, yo me pondría celosa; al contrario, tal vez compraría boletos no para criticarlos, sino más bien para apoyarlos en esta, su nueva empresa o mejor dicho, en este nuevo partido.

—Quisiera decirte que tu nombre te viene bien, "Consuelo", porque me traes consuelo a mi vida, y gracias por avisarme que aceptaron mi consulta, próximamente iré a que guíen mis pasos.

—Al final te darás cuenta, que en realidad te enseñarán a seguir los tuyos propios.

DORMIR SE VOLVIÓ MEDITACIÓN

He aprendido tanto y a la vez…, ¿no sé por qué me involucré en esto?, por una parte, Consuelo me enseña lo que apenas ha aprendido en tan poco tiempo. Por otra, Arturo me enseña pensando que si lo hace, yo lo ayudaré, y para colmo muero en este instante por saber si él está bien, ¿y por qué no?, por abrazarlo, ya había pensado en enamorarme de él, porque sé que me ama, ¿o le gusto?, mmm ¿cuál de las dos será?, pero yo siento que lo amo, ¿y si se lo digo?, ¿y si lo hago?, ahora con lo que platiqué con Consuelo, casi tengo su aprobación desde un punto de vista. ¡Por Dios!, ahora entiendo el derecho de decidir, pero me siento PUTA pensando así.

¿Qué debo hacer?, ¿y si mañana lo voy a ver?, ¿y si solo lo hago por hacerlo?, ¡hay por Dios!, he aprendido tanto y no encuentro la respuesta a lo que siento, ¿y si le marco?, ¿me contestará?, mejor mañana lo veré antes de pasar a la oficina.

LOS NERVIOS ME COMEN

—*He llegado al reclusorio, y como de costumbre me mira la gente curiosa, muy curiosa, acepto que me ven bella porque ahora me visto más acorde a mi edad, cuando antes me vestía como viejita para que mi marido no pensara que ligo hombres a diestra y siniestra.*

—Buenos días señorita Liz, ¡ya la esperábamos!

—¿Es en serio?, ¿y eso?

—Arturo ha hecho buenas amistades, incluyéndome a mí, y me platicó que usted le habló anoche para decirle que vendría.

—*Mi corazón se me salía, pensé, o se vuelve brujo o yo enloquezco, pero no discutí más, me senté en esa salita a esperarlo, cuando de pronto entra, y supuse que lo vería con muletas o con un aparato conectado y no fue así, solo apareció de tal forma que ni lo oí cuando entró, creo que estoy tan distraída, que ni recuerdo cuando le hablé.*

—Hola Arturo.

—¡Hola mi amor!

—*Me abraza de tal forma que no sé qué pasó, y de la nada, nos besábamos con una pasión como no había besado a nadie, de momento lo retiré.*

—Ya ya. ¡A lo que vine!, *aunque acepto que mi corazón no dejaba de palpitar a mil por hora, en un momento me puse a pensar..., ¿que hice?, sin embargo, me comporté como chica de mundo y le cambié el tema como si nada hubiera pasado.*

¿Cómo estás?, te veo increíble.

—¡Claro!, cuando me llamaste ayer para decirme que venías, me emocionó muchísimo y al final me dijiste ¡te amo!, ¡me volví loco!

—¿Yo hice eso?, ¡no puede ser!

—¡Claro que lo hiciste!, o, ¿ya se te olvidó?

—¡Mira Arturo!, no quiero asustarme más porque pienso que tengo un problema neurológico y tengo nuevas preguntas, porque, a estas alturas, pienso escribir un libro, que se llame las locuras de Liz.

—Jajajaja, ¡quiero comprarlo!, ¿dónde lo venderán?

—Hay pues quien sabe, ¡a lo mejor en el cielo!

—¡Pues en el cielo lo compraré!, seré el primero, jajajaja.

—¿Supongo que te iras al infierno?, y yo igual por besarnos.

—No lo creo, tal vez al cielo, porque al besarte me sentí en las nubes y si son las nubes, entonces esto es el cielo.

—¡Que romántico!, pero empecemos, que traigo muchas preguntas apuntadas, ¿listo?

—¡Listo!, ¡empieza!

ENTREVISTA A UN PATÁN ADORABLE

—¿Cómo saber que un hombre es el adecuado para una?

—Mira, te lo diré de una manera fácil, si él se muere por ti sin olvidar quien es, él es tal vez el adecuado, pero obsérvalo mucho y deja que pase un tiempo, porque lo conoces en su mejor momento, pero no lo has visto aun desesperado, ni enojado, ni siquiera sabes cómo reaccionará si le debes dinero.

—¡Oye sí!, una vez le pedí a mi ex marido dinero y me cobraba como si fuera una criminal, y era muy poquito lo que le pedí.

—¿Ya ves?, no lo conocías del todo, ¿pudiste vivir un tiempo con él para saberlo no?

—Sí, tienes razón, pero me sentía enamorada y me dije, guapo, y con dinero, ¡alguien me lo quitará!

—Como ves…, Dios siempre da señales de que algo no es tuyo y tu forzaste esto ¿no?

—Pues suponía que estábamos enamorados y locos.

—Sí, pero te enamoraste de lo que viste: De ese papel para conquistar, de esa actuación para lograr su objetivo; pero por favor, de ahora en adelante, tómate un poco más de tiempo, fíjate bien en esto, siempre que pierdes es porque te enamoras, pero podrías dejar que él se enamorara de ti ¿no crees?

—Dame un ejemplo para entenderlo mejor.

—Si se enamora de lo que eres, de tu carácter desenfrenado o pasivo o yo que se, vas por buen camino, pero, si el con su "madures" y conocimiento de buenos modales y demás, te vuelve una monja, entonces no vas por buen camino.

—Ay, pues entonces dime, ¿de qué debe enamorarse de mí?

—¡De eso!, ¡de ti!, de quien conoció, de cómo eres al bailar, al hablar, al ser y al deshacer; no solo de tu físico. Si notas que tu comportamiento depende ahora de lo que él diga; entonces no está enamorado de ti, si no de lo que el desea que tu seas para estarlo. Al final, el solo esta emocionado, y a su vez, a ti te gusta por lo que te aporta en ese momento de soledad pero, si solo tú te enamoras de su físico, sin pensar en quien es, él te impondrá un sinnúmero de reglas de que es lo que se debe de hacer para tenerlo feliz, y en ese instante dejaste tú de ser feliz.

—Dime algo, de esto que acaba de pasar..., ¿estás enamorado de mi o no?

—Te contestaré como podríamos contestarnos todos, pero deja te hago un preámbulo, si te digo no estoy enamorado de ti, ¿pensarás que te utilicé es así?

—¡Si claro!, ¡lo pensaré!

—Pero si te digo que sí, entonces te diría lo que quieres oír.

—Mmm, ¡pues si!, porque me suena más lindo.

—¿Que preferirías que te contestara?

—¡Que estas enamorado de mí!

—¿Entonces no aceptarás la verdad?

—¿O sea?

—Es obvio que moría por esto y más, me fascina estar contigo, pero acepto que estoy viviendo tu mejor momento, no se aun como eres en otras circunstancias como te decía, así que te confieso..., moría por hacerlo, y tengo mucha pasión por ti, de hacerte el amor y más y obvio mi ego dice que hasta casarme contigo, jajajaja.

—Suena gracioso.

—Pues sí, mi pasión se volcó en esa dirección, pero a su vez miento porque al salir de aquí no sé qué será de mi vida o que sentiré cuando se me acerque alguien o Consuelo.

—¡A que chistoso! Entonces saliendo ¡correrás como toro tras las chicas!

—Te aseguro que no. He aprendido bastante pero no sé qué pasará, pero podríamos intentar vernos, salir juntos y ver si nos podemos enamorar en muchas circunstancias, no solo en una, por ejemplo: Para mí, hoy tú eres mi mundo así como esta cárcel. Como ves..., mi mundo es pequeñito aquí, así que lo que lo llene será mi todo y volcaré toda mi pasión, ¿pero cuando salga y mi mundo sea más grande?, ¿cómo se quien seré? y a la vez, ¿cómo sabrás como soy?

—Wow, ¡que explicación!, pero me suena lógico.

—Ahora dime, ¿tu estas enamorada de mí?

—¡Pienso que sí!, te he pensado mucho.

—Me halaga eso ¿sabías?, pero te diré que tu mundo es pequeñito también.

—¿Por qué?, ¡yo estoy libre!

—Pero presa de tus recuerdos, y si ves, te he dicho todo lo que deseabas oír y saber. Me comporto, no como un loco, más bien como un hombre coherente (que así debí comportarme con Consuelo), obvio, al oír lo que quieres, te enamoras de este personaje, pero este personaje se hizo aquí adentro. Déjame salir y te propongo algo: Si no logro nada con Consuelo, entonces intentémoslo, con pasión y amor de ambas partes, pero conóceme, asegúrate que cambié, y asegúrate que soy lo que ves en todos los casos.

—¡Ay Arturo!, no sé si sentirme ofendida o decirte gracias.

—No te ofendas, deseo que aprendas que el amor es bello, que hay gente maravillosa allá afuera, pero que unos son y unos actúan. Observar es grandioso porque te permite decidir si te puedes enamorar de lo que ves en el paso de este pequeño tiempo, y no te enamoraste del físico o de lo que crees que ves, ¿me entiendes?

—Arturo, ¿deseas enamorarte de mí?

—Lo deseo con el alma, pero te hablo con la verdad, quiero ver si puedo salvar algo de mi matrimonio.

—Lo sé y me duele, porque me sentiré la segunda.

—No te sentirás así si entiendes que te hablo con la verdad y que siempre has sabido que eso deseo.

—Oye dime algo, ¿y las mujeres que se enamoran de casados?

—No sería tan malo hacerlo si entiendes que juego juegas.

—Otra vez requeriré una explicación amplia ¿no crees?

—Mira, si eres amante eso es lo que eres, amante y ya, sábete que así empezó el juego y que esta sobreentendido que si sale la verdad a la luz, tendrán problemas grandes. Por ejemplo: cuando él te dice, me quiero casar contigo pero tengo que divorciarme, suena bien si es que él siempre ha querido eso; pero conozco chicas esperando 10 años y nada pasa, y él no las deja hacer su vida pero no hace su vida con ellas tampoco.

—Oye sí, eso pasa tan seguido y quiero saber ¿por qué?

—Por la simple razón que a él le llenas físicamente o llenas alguna parte que en su casa no hay, y contigo lo suplementa.

—En resumen ¿soy utilizada?

—Si desde el momento que él no habla con la verdad.

—Y entonces, ¿para qué me quiere ahí y no me deja avanzar o tener una relación que pueda ser estable?

—Porque a él no le importa tu vida, le importa la suya.

—¿O sea?, yo envejezco, y pierdo la oportunidad de hacer mi vida ¿porque el este bien?

—Exacto, con las palabras de ¡no le importas!

—¿Pero si me muestra amor, me apoya, y se preocupa por mí?

—Eso suena lindo, pero solo eso tendrás, no le alcanza el amor para cambiar su vida por ti, te pondrá mil pretextos, ejemplo: mis hijos, mi familia etc., y son válidos, pero él no desea hacer más que esto que vives.

—¿Y si me revelo y aun así decido hacer mi vida?

—El contratacara diciendo que eres una ¡PUTA!, ¡por eso andas con otros!, y eso es un chantaje, porque al final, si eres una PUTA por andar con otros como él dice…, ¿los serías por andar con el no crees?

—¿O sea…?, ¿si soy PUTA?

—No, porque es un contrato de dos, pero él te trata como una PUTA al no dejarte ser lo que deseas más que con él, cuándo en realidad, solo te hace desperdiciar tiempo.

—Entonces, ¿es malo ser amante?

—Malo para la esposa o pareja engañada por que cuando se entere habrá problemas como te decía hace unos segundos. Para ustedes dos no es malo, pero pudieron hablar claro, que no estará dispuesto a dar más, y si él está enamorado de ti y te ama de verdad pero no se va a divorciar, aquí aplica: ¡Déjala libre!, libre de hacer, porque al final, si él no puede ser 100 % para ti, debe entender que no podrías ser solo más que su amante. El debe permitirte e incitarte a avanzar, ya que, por estar con él, podrías estar perdiendo la oportunidad de una relación maravillosa con otra persona.

—Viene la pregunta del millón y quiero que me la contestes con pocas palabras, ¿ok?

—¡Viene!, ¡hare lo posible!

—¿Por qué diablos no se divorcia?

—Ya está contestada, pero ahora, te la contestaré con pocas palabras, no es porque no pueda, más bien es porque ¡no quiere!, tan sencillo como eso, y más en México, que el divorcio express te permite estar divorciado en 25 días quiera la otra parte o no.

QUE DOLOROSA ES LA VERDAD

—Me duele saber que entonces si existe el hecho de que la mujer sea utilizada.

—Bueno en realidad dejaste que te utilizaran.

—Pero se supone que lo hice por amor.

—No lo creo, más bien lo hiciste porque te gusta mucho el y deseas hacer todo para que se quede contigo.

—¡Pero no se queda!

—¡Y no lo hará!, no porque no pueda, sino porque no quiere, su amor no le alcanza para más, y como te he dicho antes, ¡Dios da señales!

—No entiendo cuál sería la señal.

—Muy fácil, desde el momento que anda contigo o alguien más, significa que tu amante así es, pudo divorciarse y después buscar una pareja, ¿no crees?

—¿Y si la relación fue circunstancial?

—Podría divorciarse pronto, pero aun ahí está la señal.

—Arturito, ¿cuál señal?

—Que, si eso le hizo a ella, podría hacer lo mismo contigo, porque si él no estaba a gusto, pudo irse, pero no se fue porque su sentido de pertenencia le dice, la esposa es mía, y la amante es mía, ¿lo entiendes?

—Es crudo lo que me dices, pero lo entiendo, oye Arturo, entonces ¿tu avalas la infidelidad?

—Antes sí, porque el infiel era yo, y cuando somos agresores, no vemos nada como malo; excepto que nos lo hagan a nosotros. ¡Ahh! pero como ahora somos los agredidos, eso sí nos duele y nos ofende, pero te podría decir que hoy por hoy, no la avalo y sin embargo en este instante soy infiel y tu igual, recuerda que estoy casado, y aunque mi esposa me ame o no, yo podría promover mi divorcio para estar contigo. ¿no crees?

—Ufff, ¡ahora me siento mal!

—No te sientas mal, así se juega el juego de la vida, pero podríamos ser más conscientes y ser claros, cuando menos en saber si quieres ser mi amante, pero en el entendido que, si tú puedes rehacer tu vida, lo harás.

—O sea que ¿tu aceptarías que yo fuera tu amante? y si tengo que salir con otro chico, ¿Simplemente lo haga?

—Me dolería, pero obvio mi ego es el que sufriría, porque si te amara con locura y sé que no me voy a divorciar aun así, por amor a ti te tengo que dejar libre para que lo intentes.

—Eso me enamora de ti, que pienses así.

—Te recuerdo que pienso así por mi situación y por qué los patanes en verdad sabemos que podemos hacer y que no, y que entendemos perfectamente lo bueno y lo malo, ¡si es que lo bueno y lo malo existen!

—¡Que malos son los patanes la verdad!

—Sí, pero para que exista un patán, necesitamos urgentemente una mujer que su apego o miedo le calen los huesos para que sea tierra fértil para implantar mis semillas de patanería, así que, si lo piensas bien, la culpa toma equilibrio, un patán, una dejada, ¿lo entiendes?

—¡Me siento tan tonta!

—Mejor siéntete lista por que ahora ya lo sabes. Sin embargo, ahora tienes más responsabilidad, porque al tener conocimiento de esto, ya no podrías quejarte con todos de lo mal que te fue en una relación ¿no crees?

—Es algo como que…, el que tiene conocimiento, ¿ya es responsable de sus actos y consecuencias?

—Hablas como una maestra y te felicito.

—¿Te digo algo Arturo?, yo me enamoré de mi ex por ser lindo, pero, me di cuenta de que, por ser lindo, las mujeres lo trataban mal, así que lo quise levantar. A lo mejor acepto que empecé con él por compasión. Me platicaba como su primer esposa ¡era tan mala con él!, La gente se metía con él solo porque era buen hombre, inclusive en el trabajo o con los amigos era lo mismo.

—Y tú, como buena samaritana lo quisiste ayudar.

—Sí, así fue.

—¿Y te consta eso que te dijo?, ¿te consta en verdad eso que decía que le pasó?

—¿Cómo?

—Sí, ¿tú viste algo de lo que te confesó?

—No necesariamente, pero era sincero.

—Mira te diré algo, no creo que fuera tan bueno como para que todos lo atacaran por ser tan lindo, y al creerle su argumento, pasó lo que pasó ¿no te parece?, a ver, platícame, ¿qué fue de tu matrimonio?, ¿era tan bueno como dices en ese entonces?

—No, así como me lo explicas entonces más bien ese era su argumento que todos le compramos, y lo peor, ahora me doy cuenta de que mi exmarido me mostró señales de quien era al platicarme que tenía que tratar mal a su Mamá por metiche y a su hermana supuestamente por defenderse.

—Así es, el maltrataba a mujeres y te convencía con argumentos ficticios para justificar sus actos.

—Wow es cierto, al final así fue conmigo y yo no vi las señales del universo que dices.

—Hay muchas formas de darte cuenta con quien estás, solo que debes poner un poquito de atención y menos pasión.

—Ahora entiendo todo, pues visto de ese modo el universo es amable en avisarte ¿no crees?, pero vayamos más lejos: ¿Si el me promete que va a cambiar cuando nos casemos?, ¿ahí que pasa Arturo?

—Estas siendo chantajeada o condicionada, porque una persona que quiere cambiar, ¡cambia por convicción!, no por obligación o por una meta, es como la fidelidad, cuando te exige el padre o el juez que seas fiel para siempre, es como si te obligaran. ¿Qué te parecería ser fiel solo por convicción?, además si cambia, cambia y ya, sin tanto pretexto que el lunes, que el domingo, que hasta que pase esto o el otro, solo se cambia y no hasta que un evento sea consumado.

ENTONCES QUE ES ENAMORARSE

—Entonces Arturo, ¿Que es enamorarse?

—Enamorarse es…, amar lo que observas sientes y oyes, y si lo que observas te gusta, podrías decidir enamorarte, pero…, cuida que lo que observas no solo te guste, sino que además te sirva para tu propósito de vida, y si te sirve, ya lograste una gran parte, y ahora consérvalo, pero sin miedo a perderlo. En este lapso, te emocionará que juntos pueden ser un gran equipo de vida y entonces, tu vida se vuelve excitante si lleva una meta o proyecto, porque el amor solo por amor, cambia, evoluciona, pero si llevan de la mano una meta, ¿el amor se podría volver muy interesante no crees?

—¿Y de mi lado Arturo?

—De tu lado es hermoso que lo que él ve le guste de ti, y después de un tiempo se da cuenta que lo que ve le sirve para su propósito de vida. Distingue como con lo que observó, le puede funcionar para hacer un gran equipo para su vida, deciden casarse o juntarse para aprovechar el tiempo juntos y maximizar sus talentos en esas metas que tienen en común, y tal vez tendrás un matrimonio exitoso.

LA FIDELIDAD

—Y la fidelidad, ¿existe?

—Mira, una cosa es decir que eres fiel y otra cosa es saberse fiel.

—A ver sabelotodo, explícate mejor.

—Ejemplo: tú dices ser fiel y suena bien, pero ¿cómo sabes que lo eres?

—Pues, así, solo porque lo soy y no busco a nadie para no serlo.

—Sí, muy adecuado lo que dices, pero aceptas que, ¿no se te ha acercado Brat Pitt para estar segura de que eres fiel?, ¿para saberte fiel?

—Bueno bueno, tu exageras, por Brad Pit seria otra cosa.

—Entonces Brad Pit te mostraría la diferencia entre ser fiel y saberte fiel, porque te la pasas repitiéndole a tu pareja y al mundo de tu fidelidad y Brad Pit no se presentó, pero ¿y si se presentara?

—Me quedaría con Brad obviamente.

—Ok, entonces no eres fiel del todo, más bien eres fiel si Brad Pit no está, jajajaja.

—Suena super chistoso, pero ya entendí, que uno para ser fiel o más bien, para estar segura de serlo, debería tener una oportunidad única como Brad Pit, para decirle, ¡no Brad!, me quedo con mi marido, ¿algo así?

—Pues sí, porque ahora te sabes fiel.

—¿Y si nunca llega Brad Pit?

—Tu seguirás en lo que prometes, que no buscarás más amor que el que tienes, y te mantendrás ocupada cuidando que el equipo lleve un buen rumbo y ofrezca un mejor partido no crees, o sea, serás fiel.

—Me gusta este rollo, ¿entonces tú y yo somos infieles?

—Pues no quiero hacer un juicio, ¡pero pienso que sí!, porque no podemos decírselo al mundo.

—¿Por?

—¿Le dirás a Consuelo lo que pasó?

—¡Obvio no!, ¡me mataría!

—Entonces hacemos algo que no deberíamos hacer y por lo tanto somos infieles tú y yo.

—Pues supongo que sí, pero además soy una PUTA.

—Eso es un juicio, porque lo que hiciste, lo hiciste porque quisiste, pero podrías dejar de hacerlo y entonces daríamos por bueno que has aprendido mucho.

—No sé qué pensar pero, sé que me mandarás a la cama a pensar mil cosas cuando de por si me tengo que ir corriendo por que tengo trabajo pendiente, te dejo que descanses de mí, y no me despediré de la forma que te saludé, quiero ser fiel por convicción a Consuelo y si en verdad estoy enamorada de ti y tu estas de mí, lo lograremos pero sí de plano me dices, buscaré a Consuelo a la salida, te apoyaré, porque si mi amor es grande, te daré tu libertad, y me aseguraré que tu camino como tu amiga que soy, sea más liviano.

—Eres una gran maestra, así que, de premio, te iré a visitar en la noche.

—Wow, ¿y como harás eso?

—Pensándolo supongo, jajajaja.

—¿Ahora eres como místico o algo así?

—Digamos que me salen alas, vuelo y regreso.

—Arturo, ¿me das miedo sabías?

—Puedo estar hablando metafóricamente.

—Te dejo y descansa, es hora de trabajar.

RECELOSA AL TRABAJO

—*Llego y la verdad vengo recelosa al trabajo, no sé qué me espera con la bola de señoras locas.*

Hola jefa, dicen los hombres, y les contesto hola, de algún modo me hacen mi llegada más sencilla, las mujeres me miran, esta vez como si esperaran que les diera una hoja con su renuncia aun con lo que hablamos la vez pasada, sin embargo, no las amedrentaré con un papelón de jefa de origen doloroso que demuestra su frustración ordenando solo por ordenar, me siento en mi sillón que es mucho más cómodo que el anterior, y una de mis amigas me trae un café, lo cual agradezco.

—Hola Gina.

—Hola Liz, tu cafecito estará siempre que llegues calientito, así te quitarás el trauma de que tú nunca alcanzabas ni galletas, jajajaja.

—Si eso veo, me agrada que me lo ofrezcas, pero hagamos un trato, ¿te parece que el café me lo haga yo?, así me dará tiempo de charlar en los pasillos con ustedes.

—¿No te gusta la idea de que te lo traiga?

—Más bien no me gusta que me veas como jefa en este sentido, déjame mejor guiarte a ti en cosas más importantes que hacerle un café a tu jefa. Hagamos que tu trabajo sea más interesante, aunque supongo que vienes por algo más.

—Pues pienso que ahora que eres jefa, despedirás a algunas personas, ¿es así?

—No lo veo de ese modo hoy, aunque acepto que hace días si lo deseaba con el alma, sin embargo, le regresaré su libertad a quien su trabajo no le sea rentable, a quien esto no le sea importante.

—Pues tengo varias candidatas, así te ahorro un poco el esfuerzo.

—¡Oye que amable!, pero déjame ser yo quien piense quien es rentable para la empresa y quien no.

—Pues sí, pero hay varias moscas muertas que con su linda cara te convencerán con facilidad, ¿no te parece?

—No lo creo porque si su rendimiento es adecuado para la empresa, ya vamos por buen camino, y eso busco en ellas y en ellos.

—Yo no creo que valgan mucho.

—¿Y en que te basas?

—En eso, que son moscas muertas.

—¿Te afectan de forma directa?

—No, pero me caen mal y antes hablaban mal de ti, así que merecen un castigo.

—Supongo que lo merecen, ¿y sientes que debo de correrlas para castigarlas?

—Si, por favor.

—Y si ahora una de esas moscas muertas viniera y me dijera lo mismo de ti, ¿debería correrte?

—¡No!

—¿Porque no?

—Porque es injusto, yo hago mucho por la compañía.

—Pero ellas no lo ven así Gina.

—Porque son injustas.

—Ok, ahora me falta por saber, ¿a quién le hare caso?

—A mí que somos amigas de años.

—Entonces, ¿debo de correrlas por lo que siento?, no tanto por lo que sirven para que la empresa salga adelante.

—¡Ay Liz!, ¿Por qué lo haces tan complicado?

—Porque…, si me sirven, y logran que la compañía funcione, estaría usando solo mi sentido del ego y por impulso las sacaría de este juego que es un beneficio común para todos. Es como sacar a un buen jugador en medio de un excelente partido. Si la compañía produce, todos comemos, así que no me dejaré llevar por mi ego y no pienso hacer eso con nadie, pero usare una configuración simple, me sirven ellas a mí, y a la vez yo les sirvo a ellas, entonces es un buen matrimonio, ¿no crees?.

—No lo sé.

—Pero si yo no les sirvo a ellas, o ellas no me funcionan, lo mejor es buscar algo más adecuado para ambas partes.

—Mmm, suena bien pienso.

—Supongo que suena mejor que despedir gente por despedir ¿no crees?, así cuando tenga de empleada a una de tus hijas y alguien llegue a decirme que las corra, usare esta misma fórmula y tus hijas no saldrán perjudicadas.

—Y yo que planeaba ya cansarlas, ¿me vas a quitar mi oportunidad de venganza?

—Mira te diré algo, ese sistema que utilizan muchas empresas de cansar a la gente, es lo más cobarde que un humano pueda hacer, y espero que haya algún día una ley que prohíba el acoso en esa forma.

—¡La hay!, hay sindicatos.

—Sí pero no quiero promover la flojera ni la injusticia, deseo una ley que prohíba que un jefe te grite indiscriminadamente solo por molestar u ofender.

—Pues estarían llenos los juzgados de mentiras, porque todos te acusarían de que les gritas y te la pasarías en demandas Liz.

—No porque ya en la actualidad hay tantos medios electrónicos, que podrías mostrar un video o audio contundente que quede claro que tu jefe o jefa saca su frustración o desequilibrio hormonal contra ti. Y ya que al juez le quede claro este maltrato, entonces citarte para que demuestres que lo que haces esta correcto o equivocado, ¿no te parece?

—Pero entonces nos tendríamos que cuidar de no levantar ni el más mínimo la voz para con esta persona.

—No necesariamente, por qué se entiende lo que es una agresión y una llamada de atención, podríamos hacer que tuvieras ciertos puntos negros por faltas, pero que los puedas componer antes de cerrar un mes.

—Suena bien Liz, pero esta larga tradición de pleitos internos, ¿la vas a romper?, a mí me parece que le da sabor a la oficina.

—Tal vez le de sabor, ¡pero sí!, haremos una compañía que evolucione, que sus empleados tengan oportunidades y crezcan. Que el escalafón se base en un historial escrito y comprobable y así evitaríamos un dedazo ¿no crees?

—Hay jefa no sé qué decir, ¿y en cuanto al café?

—Mira, en países con otro tipo de desarrollo, el jefe se hace su propio café. Solo pide que le sirvan el café en la mesa o escritorio en casos de juntas o invitados, así que yo me hare mi café, ya que el café no es símbolo de autoridad, más bien es de desprecio o sobajamiento.

—¡Pero es una tradición!

—Sí, lo es tanto como un país que por tradición esta como esta, así que podríamos cambiarlo nosotras ¿no crees?

—Wow, hablas como revolucionaria.

—Hagamos entonces una revolución de esto Gina.

—Grandioso jefa, así lo haremos.

—Oye tengo una curiosidad Gina.

—Dime Liz.

—Me hablaste de mujeres, pero no de hombres.

—Pues que te digo, son buena onda, y son lindos, contra ellos no tengo nada, ¿pero los vas a traer en cinta?

—En cinta no, haremos que cada uno desarrolle lo mejor que pueda su papel, hombres y mujeres, solo eso. Déjame decirte algo, las mujeres nos vemos como un género diferente, donde gana la más fuerte o la más bella ¡y por eso! los hombres llevan la delantera.

—¿Por?

—Porque ellos se ven iguales siempre, no se critican si son gordos o flacos, que te parece que tú y yo empecemos un nuevo juego.

—¿Como?

—Juguemos a que no hay gordas ni flacas y tú y yo no nos permitiremos decir esa palabra: Gorda, flaca, baja, alta, tonta, solo usaremos: Bella, hermosa, eficiente etc., y si podemos, que te parece que no nos importe que hace una amiga con su cuerpo o no, si es PUTA o no lo es, y las respetamos como compañeras el día de hoy, la aceptamos por que trabaja con nosotros y pensamos que no vino a que nos guste lo que hace con su vida, sino, lo que sabe hacer por la compañía.

—Suena difícil.

—Sí, tal vez lo es, pero ¿cómo cambias o haces una revolución femenina? ¿Solo saliendo a las calles a gritar? Yo creo que tiene más autoridad a reclamar una mujer que ya cambió en su modo de ver a las mujeres y en su modo de actuar. Entonces sí, una revolución más adecuada ¿no te parece?

—Es que ellos deben de cambiar primero.

—¡Mira tú!, primero les das el puesto de buena onda y de lindos y ahora quieres que cambien, jajajaja, los defiendes y luego los atacas.

—Ay Liz, pues así es la vida.

—No amiga, así es lo que aceptamos que fuera la vida, cambiemos, empecemos por esta compañía, hagámosla modelo de respeto y cordialidad y luego cambiemos al mundo. Aunque los humanos somos raros, queremos cambiar lo que está afuera de nuestro alcance, por ejemplo, queremos cambiar a Siria cuando en realidad no vamos a hacer nada por ese país y su población, solo hablamos por tener un título de altruista cuando en nuestras casas tenemos la tercera guerra mundial. Podríamos cambiar primero nuestra casa y después al mundo.

—¿Y qué lograríamos?

—Que si en un pueblo de 10 personas, cambia una sola de ellas, pues ya solo quedan nueve por intentarlo. O sea, nuestro granito de arena ya lo pusimos, y si aparte de nuestro granito de arena, mandas a tus hijos a la escuela con esta enseñanza, tal vez haya amigos que quieran seguirlos por su forma de ser, y sin querer, ya estas cambiando al mundo.

—Pues no coincido contigo en ese ejemplo de Siria, es horrible lo que pasa y no se vale no preocuparse.

—¿Y que puedes hacer?

—Nada.

—Y a mí me parece horrible lo que pasa en tu casa y te pregunto, ¿que puedes hacer?

—Pues mucho supongo.

—Ok, manos a la obra.

—Liz, tengo que entregar facturas y me voy, pero me convenciste de que podemos hacer más si empezamos con nosotras, y por cierto; te habló por teléfono la ex jefa, me dijo que tú la buscaste, ahí si tengo que decirte que te volviste loca, pues si ya la liquidaron, ¿para que la quieres?

—Ella me será de utilidad en este momento para unos cambios que haré en la empresa.

—¿Ella?, ¿qué te pasa Liz?, ¡ella te dañó!, ¡te lastimó y se burló!

—Sí, lo sé, pero no la veo como enemiga, desde mi punto de vista, si ella no hubiera sido así conmigo, yo creo que yo no hubiera avanzado más, así que le agradezco porque, gracias a como era conmigo, me ayudó a ser lo que ahora soy, y déjame te digo que me queda como anillo al dedo para lo que deseo.

—¡Y de paso desquitarte!

—La vida es un juego Gina, ese juego ya acabó, nuestra antigua relación jefa-empleada. Este es un nuevo juego, y mira, jamás la demandé ni mucho menos, más bien, la dejé que me hiciera lo que ella quería.

—Pues sí, si no te quedabas sin trabajo.

—Puede ser, pero pude buscar un nuevo empleo y no lo hice, solo me quedé, pero si no aprovecho el talento que ella tiene por mis berrinches, no llegare lejos, así que la puliré nada más y la usaré en un puesto estratégico, de esta forma, ella saldrá beneficiada y la compañía y yo también.

—Me tienes con los ojos cuadrados de sorpresa, ¿o no te entiendo?, ¿o eres una mujer muy buena?

—Mira, soy buena en lo que hago, y mi equipo lo selecciono bien, tú eres parte de mi equipo, pero esta plática era necesaria, ¡y así se juega hoy!, así que tengo que preguntarte…, ¿juegas a lo que te propongo?

—¡Juego!, ¡claro que sí!

—Entonces, como jefa te pido, no me hagas mi café, no me mal eduques, y tampoco a los hombres, que cada uno se apapache lo mejor que pueda, eso hazlo en casa o donde quieras, pero aquí no. No me cierro que les hagas un favor a ellos o ellos a ti, porque a veces el trabajo no deja que nos paremos por un café o una impresión a la copiadora, pero si no es el caso, me encantará verte en los pasillos ¿ok?

—¡Ok nueva jefa!

LA CAMA Y EL TELÉFONO ME TIENEN
MIEDO

He llegado por fin, deseo descansar, hoy no pensaré en Arturo, jajajaja, no pensaré, pero ya estoy pensando en él, no olvido ese beso, porque me gustó mucho, pero lo mejor es que no vuelva a pasar por mi derecho a decidir. Hay tantas preguntas nuevas que tengo, que no se si aprovechar mañana y verlo o mejor le marco, ¿qué hago?, es curioso, me estoy traumando con él, cierro los ojos y juro que esta junto a mí. A veces se me antoja que me abrace, pero ¿será que siento algo por él? o ¿será que él me dice lo que quiero oír? Pues en el artículo 20 de PATANES ANÓNIMOS dice muy claro, "dile lo que quiere oír, acepta lo que quiera decir, y lo demás es una garantía para un colchón". Así que parece ser que los patanes nos dicen lo que queremos oír y eso nos emociona, pero con mi aprendizaje, ahora sé que si salgo con un chico, podría observarlo más, bueno..., me da flojera salir con alguien hoy, además odio esperar un mensaje que no me quieren enviar, o que me diga que me habla y no me habla o peor aún, que me cancele citas, aunque debo de ser justa en que ¿si me cancelo porque era necesario o no?, y también tengo que entender que si después de que me canceló 3 veces eso no me sirve. Mejor un adiós a tiempo es una buena solución, pero...., ¿y si se siente mal que le diga adiós porque no puede verme?, ¡ay Liz!, regreso a lo de antes, ¡por Dios!, es que aun así, no me sirve eso, y estoy pensando en el sentimiento de él, no en el mío, wow, Ahora soy más justa conmigo, pero…, ¿me veo egoísta?, bueno…, es mejor ser egoísta con el que conmigo, porque a veces ser buena es más malo que bueno, bueno más bien…, Ay no lo sé, ni modo Arturo, ahí te voy….., tienes que sacarme de dudas, y le marco,

—¡Hola!, ¿Arturo?

—Te tardaste mucho Liz.

—¿En qué?

—En llamarme, y noté que pensabas demasiado.

—Oye ya te acostumbraste y no me digas que tienes una camarita que ve lo que hago.

—Pues sí, me acostumbré y mucho; sin embargo, no será una regla entre tú y yo. Dime, estoy seguro de que tienes alguna pregunta para mí en esta noche tan hermosa.

—¡Uuy sí!, ¡más bien tengo muchas!

—Por mi adelante, es un honor.

—Oye suena eso muy bien, me haces sentir importante, ¿o será lo que quería oír?

—Las dos digámoslo así, pero viene, ¿qué puedo hacer para ti hoy?

—Pues mira, empezaremos por esto, si tengo un galán nuevo, y el, pese que nos llevamos bien me cancela citas, ¿qué debo de pensar?

—Que está ocupado supongo.

—Ok chistosito, ¿pero si me cancela muchas?

—Entonces está muy ocupado.

—Arturo, ¡por Dios!

—¿A dónde quieres llegar Liz?

—Mira, tuve un novio que me cancelaba cita tras cita, inclusive una vez me dejo con vestido de noche, siempre pasaba algo, y yo lo entendía, pero me frustraba. Una vez lo quise dejar y hasta me lloro que era injusta porque él me amaba y me reclamó que ¿cómo le pagaba con esa moneda?, ¡que lastimaba su corazón!, entonces nunca lo dejé porque me hacía pensar que yo era una mujer mala e injusta, y en realidad no quiero ser una mujer mala, pero eso me afectaba.

—Ok, no eras una mujer mala si le aguantabas que te cancelara, ¿es así?

—Si, ¡así es!

—Y él era un buen hombre ¿porque te cancelaba?

—Pues sí, porque el me avisaba, ¡Podría no haberlo hecho!

—Entonces, ¿al final te convertiste aun así en una mujer mala, pero contigo no crees?

—¿Por qué?, eso quiero saber.

—Mira, se sobre entiende que siempre habrá algo que les impida verse, ejemplo: Un trabajo urgente, su Mamá en el hospital, ¿Que más Liz?

—Un negocio, un viaje repentino, que choco el automóvil etc.

—Así es Liz y podemos numerar muchos más, pero lo curioso son dos cosas Liz.

—Viene, ¿cuáles?

—La primera, que siempre le pasa lo mismo, y tal vez no te advirtió que eso le iba a pasar seguido cuando se hicieron novios; y la segunda es, que si revisas tu lista de por qué no te puede ver, cuando menos en alguna pudo incluirte, ¿no te parece?

—¿Como en cuáles?

—Cómo en que su Mamá está enferma…, podría incluirte para visitarla.

—¡Si le decía!, pero me insistía que no porque le preocupaba que era muy lejos. Un día me puse necia y se enojó mucho porque parecía que le daba a entender que él era infiel y que eso no lo pensaba soportar.

—Y obvio no fuiste a ver a su Mamá.

—Así es, ¡no fui!

—¿Y así siguió?

—Sí, hasta que nos dejamos de hablar, después me enteré de que se casó y lloré tanto.

—¿Lloraste porque Dios te quitó a un ser que te dañaba?

—¡No!, porque sentía que lo amaba.

—¿O sea que amabas a quien en su vida no te incluye?

—¿Cómo?

—Sí, un hombre que te ama te incluirá en su vida de varias formas, conozco amigos que viven fuera de la ciudad, pero pactan verse con su pareja una vez a la semana o en quincena y se la pasan muy bien.

—¡Pues eso yo quería!, pero no se pudo.

—No se pudo porque caíste en su juego, hay un momento que puedes darte cuenta de que esto no va a funcionar, que no te sirve para los propósitos que tu ser desea para tu plan de vida; pero no te atreviste a decirlo porque entonces serias una mujer mala, y caíste en un juego de un patán.

—¡Oye!, ¡él no era un patán!, ¡era lindo!

—¿Lindo?, me quieres decir que cancelarte, dejarte de hablar y al final enterarte que se casó ¿es lindo?

—Bueno, viéndolo así no tanto.

—Mira Liz, tu miedo al juicio de ser mala te mata como a muchas mujeres, es mejor un adiós a tiempo.

—¿Ya lo había pensado sabes?

—Ok, inclusive un…, ya no quiero o, un no te quiero, es de más valor para tu vida que esperar a ser incluida en la vida de alguien que no desea eso.

—¿Pero eso me hace mala o buena?

—No Liz, no eres mala ni buena, eres una mujer decidiendo por ti, y cuando piensas si es ser mala o buena, eres una mujer en espera de que la sociedad decida que quieren que seas o hagas, ¿me entiendes?

—Creo que sí, pero…, entonces si hubiera sido al revés me hubieran tildado de PUTA otra vez ¿no?

—Si por que como ya te he enseñado, PUTA es una palabra para dominar y hagas lo que nosotros queremos.

—Y dime, ¿se puede saber cuándo va a terminar todo esto?

—El día que quieras, hoy por ejemplo.

—¿Y qué debo hacer Arturo?, ¡por Dios!, dame la varita mágica para esto.

—Bueno, te daré algunas varitas mágicas, la primera que aceptes que ¡la mujer no es un ser inferior!

—Lo acepto, y mucha gente lo dice.

—Pero te comportas como inferior, o digámoslo así, te comportabas como inferior, igual que Consuelo se comportaba conmigo.

—¿Bien que sabías lo que hacías no?, eres perverso pienso.

—También tu sabías lo que le hacía a ella, por cierto, su Mamá, sus hermanos y hasta sus amigas lo sabían, y te puedo enumerar más gente, y ahora te pregunto, ¿Por qué no le dijiste las cosas así de frente a Consuelo acerca de mí?, ¿que me dejara?, ¿que no le convenía?, y lo que es peor…, hasta tu querías que regresara con ella.

—Porque Consuelo pensaría que yo era una liberal si le decía que ella se fuera.

—Eso veo, pero continúa.

—Y me pediría que dejara de ser su amiga.

—Bueno, no se trataba de que te hiciera caso, solo se trataba de que una sola vez expresaras tu opinión, decirle que se comportaba como inferior y nunca lo fue, solo se comportaba así.

—Pues sí, pero no lo hice.

—Entonces jugabas a lo que el sistema te dictaba, pero olvidemos eso, lo que no hiciste no lo podrás remediar, pero si puedes remediar con la gente que a futuro pidan tu consejo.

—Ahora ya lo practico en la oficina.

—¿Ya ves?, los hechos consumados no los podrás cambiar, pero el futuro de las mujeres lo empezaste a modificar con tus nuevos actos y tus consejos a otras mujeres.

—Así es y me hace sentir bien, pero dime, quiero la varita mágica.

—Y la tienes porque ya empezaste a ser un ser superior, pero te daré una más, y es…, comportarte a la altura de lo que deseas.

—¿Ejemplo?

—Ve al gimnasio, y ponte más bella de lo que eres, arréglate, píntate, toma cursos cuando puedas tomarlos, viaja, porque cada cosa que aprendas es una evolución.

—Me asustas, hablas como los padres de algún convento, o como un ángel.

—Jajajaja, tal vez lo soy ahora, pero déjame continuar: se curiosa, aprende, por ejemplo, si quieres aprender mecánica, solo hazlo.

—¡Eso es cosa de hombres!

—Si, por que los hombres lo decimos, o tendría que decir…, ¿porque los hombres lo ordenamos?

—Pues no lo había pensado así pero no me gusta la idea.

—Pero si te gustara, ¿lo harías?

—¿Aquí entra de nuevo mi programación verdad?, es de hombres.

—Así es, sin embargo, no te quiero obligar a que estudies mecánica, solo quiero decirte que eres libre de estudiarla si eso deseas, y esa es la segunda varita mágica.

—Mmm, vas muy bien Arturo, ahora dame una varita mágica para el amor.

—Te daré dos, la primera, ¡acepta que te enamoras porque el chico te gustó!, pero si en realidad te das cuenta de que no va por buen camino, entonces júrame que no usarás el método antiguo y romántico que es, darle más amor del que te pide, pensando que el cambiará.

—¿Pues debería no?

—Es que el dar mas no es exactamente la condicionante para que te den más. Esto es como el trabajo en la época antigua, trabajabas más, ganabas más. Ahora cambio a trabajar igual, pero de mejor forma; innovando, buscando formas de que las cosas salgan más rapido pero con calidad, pero creo que me salí de lo que te decía, pero te lo resumiré así: Da lo que quieras, pero cuando veas que das para que te den más y no lo obtienes, ¡detente de inmediato! o saldrás dañada, simplemente, es momento de parar. Porque no se trata de luchar para que el acepte que te debe amar, el solo te amará si eso desea, pero tú lo amarás si eso te sirve y eso deseas.

—Suena bien esa varita, sin embargo, me prometiste dos varitas.

—La segunda puede ser, cuando ames a la persona, ¡no esperes que él sea o haga lo que desees!, no funciona así, ya habíamos hablado del enamoramiento ¿recuerdas?

—Si, lo recuerdo.

—Bien, no esperes mensajes cuando tú quieres solo porque tu harías lo mismo, haz tu vida normal y deja que las cosas pasen.

—Es que amo los mensajes en el día.

—Sí ¿pero si él no los ama?

—Pues debería.

—No lo creo, pero tal vez el ama ir por ti a la salida del trabajo.

—Eso suena lindo, pero me gustaría que me mandara mensajitos.

—¿Y si el ama llevarte a cenar en las noches?

—Me encanta, pero, aún así, quiero mis mensajitos. ¡Oye Arturo!, ¡entonces él va a hacer lo que le dé la gana!

—¿Lo que le dé la gana? o ¿lo que te dé la gana a ti?, como tu al mandarle mensajitos en el día, o al decidir siempre que película verán, ¿me entiendes?, él hace algo que le gusta y tú haces algo que te gusta.

—¿Y si él hace algo que no me gusta?

—Díselo de frente, y dile que eso te afecta.

—¿Y si no cambia?, ¿y si lo que hace me daña como tomar demasiado?

—Entonces la tercera varita mágica del amor será: ¡Acepta que él no te pertenece!

—Más bien debo de aceptar que es un necio.

—Mejor acepta que él no te pertenece, mira, las cosas pequeñas te aseguro que con un poco de amor y de conciencia, él las cambiará porque sabe que te dañan y aparte él te ama. Pero las cosas como: drogas, infidelidades, mentiras y demás, si el no apuesta por cambiarlas porque sabe que te hacen daño directo, queda claro que no hay nada que hacer, él no te pertenece.

—¿No me pertenece?

—No, porque no puede ser para ti algo que te hace daño directo, así que, por lo visto, es momento de echar marcha atrás.

—¿Y si me dice que cambiará?

—Si en verdad te ama, y sabe que te hace daño, seguramente te pedirá tu apoyo para modificarlo para beneficio de los dos.

—¿Y si no lo hace?

—Jajajaja, si no lo hace y sabe qué hace daño directo y aun así continúa, queda claro que no cambiará y él no te pertenece, solo eso.

—Que necio eres ¿no?

—Más necia serias tú en quedarte ahí cuando hay daño directo.

—Pero no me queda claro el concepto, ¿no me pertenece?

—No te pertenece, porque lo que es tuyo, siempre está contigo, y te hace la vida fácil y divertida, y tal vez tiene planes en conjunto. sin embargo, cuando el solo tiene el plan de tenerte por que le agradas, pero te exige que aguantes ese defecto que te afecta de manera directa solo porque así es el, y aparte te condiciona a que si lo amas tienes que aguantarlo, entonces es hora de echarse para atrás, ¿me entiendes?

—Creo que sí.

—Pero eso sí, aquí te pido seas muy consciente de algo, que lo que te afecta, en realidad sea algo que te hace daño directo y no que me digas que te afecta si el no hace algo que a ti te da la gana.

—¿Ejemplo?

—Si me dices, odio que vaya en las noches a correr al parque porque cuando va, te hace daño directo o que siempre que vaya al supermercado a determinada hora se le olvide mandarte fotos para ver si no hay chicas lindas en el camino es un daño directo.

—¡No soy así!

—Es solo un ejemplo, que también aplica del otro lado.

—¿Cómo es eso?

—De mujer a hombre y de hombre a mujer.

—Entonces, si el me pide lo mismo de lo que hablamos, no es para mí, ¿es así?

—Así es, pues aplica igual.

—¿Que más no es para mí entonces?

—Si callas para que él no se enoje, ¡no es para ti!

—¿Dime una más?

—Si te ignora, por castigarte o por protesta, ¡no es para ti!

—Yo también lo hago Arturo.

—Podrías dejar de hacerlo y exigir que no te lo hagan.

—Y si aún así me lo hace, ¿y me pongo a gritar como loca de desesperación?

—Más bien de frustración, porque no quiere hacer lo que tú quieres.

—Oye me haces sentir culpable cuando el me lo está haciendo a mí.

—Pero tu dejas que te lo haga.

—¡Por eso me pongo como loca!, ¡porque no me dejo!

—Más bien quieres obligarlo.

—Ahora yo te preguntare a ti Arturo, ¿a dónde quieres llegar?

—A que todo lo que es a fuerza del lado que sea, no es para ti. ¡Solo a eso! a que tienes el derecho de no ser ofendida, tienes el derecho a que no tome tu celular, pero cuando tienes que exigirlo a golpes o gritos ¡No es para ti!

—Oye Arturo, y esa gente que es tan perfecta como sugieres, ¿existe?

—Si claro, ¡existe!

—¿En este planeta?

—Sí, claro, en este planeta.

—¿Y por qué no se oyen casos de hombres tan perfectos como los que dices?

—Porque no llaman la atención.

—¡A mí me llamaría la atención!, pero acepto que siempre llama más un chisme o una agresión.

—Si Liz, la verdad, lo malo como lo llamas, siempre causa más polémica, tiene más publicidad y acapara las redes sociales.

—Siempre pensé que era porque todos éramos malos.

—No es por eso, solo llama más la atención, por morbo o lo que le quieras llamar.

—¿Y lo bueno?

—No saldrá tanto a la luz, porque no llama la atención, sin embargo, te diré algo, aunque llama más la atención lo malo, lo bueno es mayoría. Así que no te preocupes tanto de lo malo y preocúpate por ti, no vayas con la guardia de frente, si decides salir con un chico, como te enseñe antes, al observar te quedara claro quién es.

—Bueno, creo que debo dejarte dormir y yo descansar también por que mañana será un día complicado para mí, iré a verte mañana te lo prometo.

—Sé que lo harás, y tengo la paciencia para esperarte.

—Gracias mi amor, perdón, Arturo.

—Suena muy bien mi amor, pero Arturo también suena bien, gracias.

MI CITA CON CONSUELO Y EL CONSULTOR

—¡Consuelo!, cada vez más bella y segura de ti misma, me sorprende lo que has aprendido. No preguntare hoy como te sientes, hoy solo quiero platicar lo que tu desees en nuestro camino al consultorio.

—¡Gracias amiga!, me encanta eso, porque veo que has aprendido tanto que intuyes con facilidad que una persona desea o no hablar de algo.

—Si amiga, he aprendido tanto en este corto tiempo.

—Sin embargo, sé que deseas oír como me siento en cuanto a Arturo y te quiero decir que a él lo extraño de alguna forma, pero me extraño más yo, y ya eso es un gran avance.

—Sí que lo es, yo a mi ex lo extrañé tanto y mira que me dañó mucho.

—Así es amiga, solo cambiemos eso que dices por, nos dejamos dañar tanto, así tendremos más control de nuestras vidas.

—Me parece perfecto Consuelo, nos dejamos dañar, pero ahora no es así, somos mujeres libres, inclusive, la palabra PUTA ya no me afecta en nada.

—Ni a mí Liz, ahora cuando la oigo en la calle, me suena a libre.

—Pues sí, aunque me sigue sonando algo fea, ya no me parece descabellada.

—Qué bueno Liz, pues vayamos y en el camino platicaremos.

—Oye vengo un poco nerviosa, ¿qué hare cuando llegue?

—Lo que yo, solo decir que te trae a este lugar.

—Oye, ¿pero es medio místico o algo así?

—Sí, algo, pero no afectara a lo que vienes.

—¿Somos las primeras no?

—Así parece, déjame hablar con la chica que nos recibe.

—*Ufff, ¿qué hago aquí?, ¿qué le diré?, ¿y si él le dice a Consuelo que veo y hablo con su marido?, en fin, aquí viene Consuelo.*

—Ya puedes pasar.

—¡Que miedo!

—No temas, no tendrá juicio alguno hacia ti, así que solo se tú.

—Ok.

Hola buenos días.

—Hola Liz, ¿así te llamas no?

—Si así me dicen.

—¿Y así te gusta que te digan?

—No lo sé, pero me acostumbré a que así me dijera mi exmarido.

—Entonces tu exmarido debería reclamarle a tu Mamá que te haya puesto Lizbeth cuando él te iba a renombrar como Liz ¿no crees?

—Supongo que sí.

—Ya que decidas como te gustaría que te llamen, entonces le podrías decir a la gente tu nueva decisión.

—¿Y eso de que sirve?

—Pues si repiten tu nombre diario, sería más agradable ser llamado como mejor te parece, o más bien, como tú en realidad te llamas, ya que la sociedad hasta en eso decide, en cómo te vas a llamar.

—¡Oye!, me llamo Lizbeth.

—Sí pero tu exmarido y la sociedad decidieron que te llames Liz, pero si a ti te gusta, Liz te llamaré, ¿te parece?

—Ok, Liz me llamo el día de hoy.

—¡Bien dicho Liz!, y ahora sí, ¿a qué debo el honor?

—Bueno, sí puedo confiar en ti te lo diré, solo que no sé cómo empezar.

—Tal vez yo podría ayudarte a empezar.

—¡Si por favor!

—¿Te sientes desleal con la mujer que está afuera no?

—¡Si!, ¿cómo lo sabes?

—Una persona que se siente culpable, normalmente se muerde las uñas como tú lo haces.

—¡Qué pena!, ¡lo dejare de hacer!

—Te veo divertida haciéndolo, pero si quieres, podrías dejar de hacerlo, y ahora dime, ¿qué te hace tan desleal?

—Que pensé que podía ayudarla a regresar con su marido y comencé a verlo solo por ese propósito, y al final nunca le dije la verdad, y ahora lo veo casi diario o cuando menos le hablo.

—Y bueno, pudiste decirle y no lo hiciste, y conforme paso el tiempo, ¿esto creció más?

—Pues sí, nos hicimos muy amigos.

—Tanto que a veces sientes estar enamorada de él, ¿es así?

—¿No le dirás a Consuelo?

—¡Nada!, confía en mi discreción.

—¡Pues sí!, así lo siento.

—Obviamente, ¿podemos pensar que él fue antes de esto un patán?, ¿y que inclusive te odiaba?

—Si así es, wow, que videncia.

—¡No!, no es videncia, digamos que tengo un manual de patán aquí conmigo, así que debo suponer que él se abrió de capa y al paso del tiempo, hubo atracción.

—Sí, y ya me estás haciendo sentir mal, porque sin hablar tanto me queda claro que él no era auténtico.

—En realidad si lo fue, estaba desesperado y saco lo mejor de él, aunque una parte lo hizo para lograr un cometido, por ejemplo, que tú lo ayudaras con su esposa.

—Si, supongo.

—Además, cuando un patán se atreve a abrirse de capa, sabe que hacer, y lo que hace enamora.

—¿O sea?

—Es cariñoso, sabe escuchar, saca a flor de piel su sentimiento.

—¡Quiero llorar!, ¡entonces me está engañando!

—No necesariamente Liz, sin embargo, caíste, pero tranquila, te diré que si sintió lo que hizo.

—Ok, ¡me tranquiliza oír eso!

—Sin embargo, no te des por enamorada, porque tendrías que observarlo antes de decidir estar enamorada u obligada a decir te amo.

—*Que extraño, algo parecido me dice él.*

—Esa gente cuando cae muy bajo, pueden ser grandes maestros, tal vez yo fui igual en algún tiempo y por eso estoy aquí.

—¿Estás aquí por ser patán?

—Sí, pero cuando me dolió, aprendí que podría llevar una vida mejor, no tratando de dominar a alguien para subir mi ego, sino más bien a aportar mi conocimiento a esa gran empresa que es una relación.

—¿Todos deberíamos ser así no crees?

—Si podemos, pero la pregunta es si queremos serlo.

—Yo creo que alguien con sentido común quiere.

—¿Y tú Liz?, ¿por qué no lo quisiste?

—¿Cómo?

—Sí, tú porque teniendo sentido común, no cambiaste cuando estabas con tu marido.

—Porque tenía deseos de continuar con él y olvidé esa parte, además, el jamás me escuchó, o me dijo que yo si lograría todo, solo era muy seco conmigo.

—Entonces tu sentido común no funcionó ese día, ¿es así?

—Pues sí, pero regresando a este señor Arturo, me quise enamorar de él.

—¿Y luego?

—No pude por que decidí parar.

—¡Maravilloso!, un humano que para, es un buen inicio a una gran evolución.

—¿Tú lo crees?

—¡Claro que lo creo!

—¡Hay que emoción oír eso!

—¡Más me emocionó a mi oírlo de ti Liz!

—Aunque con mucha pena te diré que lo besé, o me besó.

—Y aprendiste a parar ¿no?

—Pues sí, pero en el fondo yo quería más.

—Ahora entiendes, siempre es bueno parar, y tienes el derecho ante Dios de hacerlo.

—Pero hice mal.

—Pues mira, no lo sabemos por qué no somos la persona que podría sentirse agredida, pero ¿deseas que le preguntemos a Consuelo?

—¡Obvio no!

—No te apures, porque al final entendiste.

—Sí, así es.

—Pero, regresemos al asunto que te trae aquí, y lo primero que deseo pedirte es que, en este instante, te pares de la silla y que vayas a verlo.

—¿Para?

—Porque es momento que sepas algo que es muy hermoso de parte de él.

—¿Y mi consulta?

—Yo pararé el tiempo, así que nada se moverá más que lo que tú quieras que se mueva.

—¿O sea me paro voy a mi carro y…?

—Ve a verlo y notaras que nada se mueve, a menos que lo observes, así que no vayas a voltear a ver a Consuelo, confía en mí y hazlo.

EXPERIENCIA RELIGIOSA

—Salgo y no volteo como me lo pidió, y en realidad esperaba que Consuelo me dijera algo, pero nada pasó, al salir veo mi auto y veo todo normal, no sé a qué jugamos, pero lo hare, me encamino al reclusorio y nuevamente llego por la puerta famosa y digo el nombre de mi visita, y me dicen…,

—El ya no aparece aquí.

—¿Qué?, ¿cómo que no aparece?, ayer hable con él.

—No aparece señorita, lo siento.

—¿Cuándo salió?

—Mire no tenemos registros de ese tipo o cuando salió.

—¿Y el director?, ¡quiero hablar con él!

—Él se fue de vacaciones desde hace 15 días.

—No entiendo nada, pero supongo que me debo de sentir feliz, ya está libre.

—No lo sé señorita porque no aparece nada mas de este señor en mis registros actuales, le ruego que venga otro día y hable con el director.

—*Salgo como decepcionada. ¿Porque Arturo no me habló? ¿Porque no le importé?, y lloro de coraje, tenía planeado darle una fiesta sorpresa o algo parecido. Me dirijo al consultorio y creo que ya con el tráfico han pasado unas dos horas mínimo, entro y no volteo, espero que Consuelo no me grite que ¿por qué salí? abro la puerta del consultorio y vuelvo a saludar.*

—Hola ya llegué.

—¿Y bien?

—Me dicen que no está, pero curiosamente no tienen registro de cuando salió del reclusorio y mi contacto no estaba, así que no pude saber más.

—Bien, te mandé para que sepas que el ya no estaba.

—¿Y Consuelo lo sabe?

—Si, lo sabe, pero supongo no te dirá nada, debe de ser algo muy íntimo.

—¿Que debo hacer?

—Esperar su llamada, y pararemos esta vez porque, aunque es tu primera visita a mi consultorio, te veo muy sorprendida.

—Lo estoy y me pregunto: ¿Qué debo hacer saliendo?, ¿qué le diré a Consuelo?

—Le dirás que yo te pedí no contar absolutamente nada.

—*Y así fue, salí he hice mi mejor cara, y me preguntó Consuelo.*

—¿Como te fue?, ¡perdón!, no me digas nada si no quieres.

—Si amiga, no diré nada, pero me quede muy a gusto con mi consulta, ¿deseas comer?, ¡te invito!

—No amiga, esta vez no porque voy por mis hijos que están en competencias, los recojo y nos vamos corriendo a casa por las visitas.

—¿Y cómo te das tiempo para tanto?

—Aprendí que siempre hay tiempo, y cuando no lo hay, aun así, lo hay. Suena raro, pero funciona.

—Ya lo creo Consuelo, no sé qué decirte, pero me dijo el consultor que guardara silencio.

—Entonces no lo hagas, al menos que eso desees.

—Gracias amiga y me iré a casa.

NIVEL ZOMBI

Estoy como zombi, hable al trabajo que no iría y todos cooperaron hermosamente: mi secretaria, y la gente de administración, me pidieron que no me preocupara por nada, me acuesto y recibo la llamada que esperaba.

¿Arturo?

—Hola Liz.

—¿Porque no me dijiste que ya habías salido?

—Lo siento, solo pasó de momento.

—¿Fui a buscarte sabías?

—No lo sabía, pero ahora ya lo sé, y quiero pasar a verte.

—Por favor ven, quiero verte en tu versión libre y me platiques todos tus planes.

—Llegaré en dos minutos.

—¿Como harás eso?, o ¿Es que estas afuera?

—Solo deseándolo.

—¡Ay Arturo me molesta en este instante tus bromas en verdad!

—No era broma, pero llamémosle broma esta vez, no cuelgues.

—Estoy oyendo el timbre, y abro, y no pude evitarlo, lo abracé, lo besé, no sé qué me pasa, solo lo hago, y le pido que se siente, te pediré la hamburguesa que soñabas.

—No tengo hambre, no te apures.

—Oye, ¡la deseabas tanto!

—En realidad ya no, solo deseaba verte.

—Wow, me halagas, y quiero pensar que aparte de verme, deseas preguntarme de Consuelo supongo, y si, hoy la vi.

—Yo también, pero de lejos.

—¡Oye no hagas eso!, no te vayan a detener pensando que estás haciendo algo malo.

—Perdóname, cuidaré mucho eso.

—¡Ay Arturo! ¿por dónde empiezo?

—Más bien, ¿por dónde empiezo yo?

—Pues por el principio, por ejemplo..., ¿qué harás ahora?

—Ahora seré lo que pude ser, eso seré: Más cariñoso, más caballeroso, más intenso; no buscaré lo que no necesito y no me hare una necesidad para justificar mis actos.

—¿Eso como a que suena?

—A que no buscaré una chica para tener una relación intensa justificando que como mi mujer no salta del ropero entonces, tuve que buscar a esta que si lo hace, jajajaja.

—¿En serio?

—Sí, en serio, ese es un pretexto para buscar a alguien fuera del matrimonio, porque en teoría ofrece lo que no tengo, cuando en realidad nunca le pedí a mi esposa que se aventara del ropero antes de casarnos.

—Ay Arturo, ¡eso suena lindo!

—Si Liz, y te confesare algo.

—Dime

—Siempre aprendí, más bien..., siempre supe, solo que usé mi libre albedrio para hacer lo que me plazca, porque el poder de dominar es como un vicio, y me llené de ese vicio, pero esta vez será diferente, porque sé que es lo que debo hacer, y perdón que no continúe, pero estoy cansado. ¿Podríamos dormir abrazados un ratito?

—Pues, supongo que sí, ven, nos abrazamos y simplemente dormimos.

Él es tan suave, a veces pienso que no pesa mucho, yo creo que adelgazó por el tiempo que estuvo encerrado, pero que bien se siente, no puedo mantenerme despierta, me duermo, ¡por Dios!, ¿Cerré la puerta....?, me duermo, ¡Dios de mi corazón!

SUEÑO EN LAS NUBES

Arturo, porque brincas entre este pasto tan bello, lo aplastas.

—En realidad tu solo puedes aplastarlo, yo no podría.

—¿Por qué no?

—Porque si es un sueño, entonces esto es lo que pasa ¿No lo crees?

—Supongo, pero ¿porque yo sí?

—Por que deseas aplastarlo para sentirte viva.

—No te entiendo Arturo.

—Lo entenderás, como has entendido lo que te he dicho, que el amor hacia ti es necesario para amar a alguien más, que la vida es equilibrio, que es hermosa cuando todo lo que ves, lo ves bello, y que lo que no te gusta, solo te alejas y continuas por otro camino, que tu derecho a ser feliz, esta hoy garantizado por tu derecho de ser.

—Oye, ¡pero no saltes tan alto, no vas a poder bajar!

—¿Y?

—¿Que pasara con Consuelo?

—Ella sabe lo que necesita saber para ser feliz.

—¡Arturo no saltes tanto!, ¡no te vayas!, y..., me despierto y respiro muy asustada.

—¿Qué pasó? ¿Arturo?, ¿Arturo?, ¡por Dios santo!

—Nada ha pasado, tranquila, solo soñabas.

—Es que soñé que te ibas y me asusté por Consuelo.

—Consuelo siempre estará bien y tú también.

—Supongo te quedaras conmigo. ¿Eso te gustaría?

—Me encantaría, pero no puedo quedarme. Me iré lejos, porque aprendí que si puedo enseñar algo con mi poca experiencia, curare un poco el daño que hice a tanta gente.

—¿Pero no que ibas a buscarla?, ¡eso dijiste!

—Ya lo hice y entendí que esto es lo mejor.

—¿Y en cuanto a mí?, ¿soy una PUTA por tenerte en mi cama?

—No eres una PUTA, eres una mujer que decide que es para ella y que no. Creo que ahora sabes que no puedo ser para ti. Sin conocerme en muchas situaciones y en tan poco tiempo, no podrías enamorarte de mí.

—Bueno acepto que me ilusioné.

—Lo sé, tanto como yo, pero aprende a perderme hoy, porque tu camino ya es grande con tu ascenso, y con lo que aprendiste. Te ruego que lo transmitas y me permitas continuar.

—¡Por Dios Arturo!, ¿así nada más?

—Confía en mí, me voy, tengo prisa, pero, te veré en poco tiempo, en horas, y me acariciarás todo, me besaras y tal vez, me tendrás en tus brazos.

—¡Hay Arturo!, *lo besé y al pararse me dice.*

—No me sigas, regreso cariño mío.

—No lo hare, aunque me esté doliendo, pero ¿me dijiste que en horas te tendré en mis brazos?

—Te lo cumpliré, solo en horas.

—De momento, suena el teléfono, y contesto.

—Hola Liz, perdón si te desperté, pero te recuerdo que hoy es el último día y quiero que estés aquí.

—¿Consuelo? ¿Donde?

—¡Pues en mi casa!

—¿Qué pasa?

—¡Ay Liz! ¿Qué pasa más bien contigo?

—A ver, voy para allá.

Tomo mi auto, y salgo disparada a su casa, se ve gente, parece que tienen fiesta, veo a Consuelo a lo lejos y la veo bien.

—Amiga, te agarre dormida, pero…, las cenizas de Arturo se van mañana al mar, así que por favor despídete y dale un abrazo.

—¿Qué?, ¿amiga de que me hablas?

—¿Cómo de qué?, ¡ándale!, toma la urna.

—*No entiendo que pasa, la abrazo, la acaricio y la beso, pero ¡no entiendo que pasa! o ¿Qué pasó? Veo al consultor también en casa de Consuelo y le pregunto:*

—¿Qué pasó?, y él me contesta.

—La historia fue muy diferente a lo que tu creías que pasó, sin embargo, en realidad todo pasó.

—Pero ¿y Arturo?

—Cuando fueron por él, traía un arma y la disparó hacia un oficial y el oficial hizo lo propio.

Después, en el tiempo que Arturo entendía su situación, se le dio la oportunidad de vivir lo que creyó que vivió en el penal para que terminara de aprender y al final, él quiso ayudar como lo hizo contigo.

—¡No puede ser!, lo besé, lo abracé, lo fui a visitar muchas veces, le marqué por teléfono, le dediqué tiempo.

—En realidad si pasó, pero a la vez no.

—¿Y mi ascenso?, ¿y todo lo que aprendí?

—Todo sigue igual, tu ascenso y demás, lo único que si sucedió, pero no aconteció, fue lo que hablaste y viviste con él.

—¿Pero…?, ¿El reclusorio y todos los días?

—Si pasaron Liz, y él fue un ángel que te enseñó a ser libre de todos y de ti misma, te dio información con el objeto de resarcir el daño que hizo.

—Pero ¿PATANES ANÓNIMOS y todo?

—Todo existe y existió, algún día te lo explicaré, pero por el momento te diré que, así como te dijo que en poco tiempo lo verías y abrazarías su cuerpo, lo estás haciendo con su urna.

—¿Y Consuelo?

—Consuelo vivió lo que tu viste, solo que, de otro modo, pero si lo vivió.

—¿Entonces, solo lo soñé?

—Sí, en ese universo, una semana pueden solo ser minutos o un sueño de nosotros, aunque, por el momento, regresa las cenizas porque es hora de que se vayan,

—¡No sé qué pensar!

—Pues te diré que tienes mucho que pensar, porque aprendiste tanto y él te hizo libre con su enseñanza y su amor.

—¿Que debo hacer ahora?

—Vivir, vivir dignamente en el sentido de tu libertad de decidir, de escoger.

—¿En algún momento me dijo que él no estaba vivo, o con nosotros?

—Sí, te dio muchísimas señales que no tomaste en cuenta pensando que eran bromas de él, pero que, con los días, lo entenderás, y por favor, llórale unas horas o días, pero no más, porque tienes mucho que aplicar de lo aprendido y mucho que transmitir al mundo acerca de un género que los hombres inventamos.

—¿Lo escribo?

—¡Escríbelo o háblalo!, pero enséñales a las mujeres que la oportunidad de ser libres es hoy, que empiecen por ellas mismas, que sean equilibradas, que si exigen justicia que sean justas con ellas mismas.

—*Salgo y siento dolor, estoy tan confundida, pero por alguna extraña razón me siento tan libre, cuando de pronto oigo una voz, es Arturo que me dice.*

—Guarda silencio, no pelees, y cuando tengas que hacerlo…, cuanto estés con una pareja y discutas, pregúntate, si deseas en esa discusión arreglar algo o solo deseas ganar, y si deseas ganar, guarda silencio, y solo date la vuelta.

—Arturo, ¿esto es el fin?

—¿El fin?, ¡no!, ¡es el comienzo de algo que ahora pondrás en práctica!

—¿Algo así como un examen?

—¡Algo así!, pero este no es el….

FIN